Georg Fraberger

# OHNE LEIB, MIT SEELE

Georg Fraberger

# OHNE LEIB MIT SEELE

**eco**WIN

Georg Fraberger
Ohne Leib, mit Seele

MIX
Papier aus ver-
antwortungsvollen
Quellen
FSC® C012536

Das für dieses Buch verwendete FSC-zertifizierte Papier
EOS lieferte Salzer, St. Pölten.

© 2013 Ecowin Verlag, Salzburg
Lektorat: Dr. Arnold Klaffenböck
Umschlaggestaltung: Saskia Beck
Gesamtherstellung: www.theiss.at
Printed in Austria
ISBN 978-3-7110-0034-7

4 5 6 7 8 / 15 14 13

www.ecowin.at

# Inhaltsverzeichnis

*Für meine Frau Sue*

# Vorwort

Das Streben nach Glück beinhaltet oftmals den optimalen Einsatz von Körper und Psyche. Ein Sportler mit extremen Leistungen, ein Model mit optimalen Konturen, ein Künstler mit großer Kreativität, ein Wissenschaftler mit genialem Verstand, ein Mensch mit viel Geld – sie sind Vorbilder unserer Gesellschaft. Sie nutzen ihren Körper, ihren Verstand, ihr Vermögen und schaffen sich hierdurch eine Aufgabe im Leben, die es zu erfüllen gilt. Jedoch auch sie müssen darauf achten, dass es einen Unterschied gibt zwischen einer Aufgabe im Leben und dem Sinn des Lebens. Wird aus einer Lebensaufgabe ein Lebenssinn, so benötigt man entweder Körper, Verstand oder Geld zur Erfüllung dieses Sinns. Verliert man an Kraft, Vermögen, Kontur oder geistiger Leistung, so würde dies den Verlust des Lebenssinns bedeuten. Allzu leicht können auch extrem erfolgreiche Menschen vergessen, worauf es im Leben tatsächlich ankommt, was uns Menschen wirklich ausmacht – die Seele. Wird die Existenz dessen, was ich Seele nenne, ignoriert, erscheint es logisch, wenn Menschen am Höhepunkt ihrer Karriere ihrem Leben ein Ende setzen, ein Burn-out bekommen oder schwer depressiv werden. Vom subjektiv erlebten Höhepunkt des Lebens an kann es nur mehr „bergab" gehen, sofern man sich als Mensch ausschließlich aus Körper und Verstand bestehend erlebt. Erst wenn auch seelische Bedürfnisse berücksichtigt werden, kann man Ideen, Aufgaben, Projekte und Ziele verwirklichen, die jenseits körperlicher, materieller und verstandesmäßiger Grenzen liegen. Diese verleihen dem Leben einen Sinn, der einen Platz in der Gesellschaft auch dann noch sichert, wenn Körper und Verstand dem natürlichen Entwicklungs- beziehungsweise Alterungsprozess folgen.

Dieses Buch zeigt aus der autobiografischen Perspektive sowie aus Erfahrungen aus dem klinischen Alltag eines Psychologen, weshalb die Existenz einer Seele als grundlegendes Element von uns Menschen wissenschaftlich berücksichtigt werden muss. Wir wissen heutzutage beispielsweise, wo traumatische Erinnerungen wohnen, wo Regeln, Werte und Normen gespeichert werden und wie unbewusste Inhalte anhand von Psychotherapie bewusst gemacht werden können. Wir wissen jedoch noch nicht, wo die Seele wohnt, wo jenes Element verborgen ist, das uns antreibt und steuert. Es wird in diesem Buch des Weiteren auf Basis psychoanalytischer Strukturen von Sigmund Freud die Seele neben dem Unbewussten und Bewussten in einem Modell verankert. Durch einen fixen Platz neben Gefühlen und Inhalten des Unterbewusstseins und Vorbewusstseins kann die Seele mit ihren Bedürfnissen im Alltag in Betracht gezogen werden. Es wird erörtert, wie seelische Bedürfnisse erkannt und befriedigt werden und welche Folgen und Auswirkungen auf den Alltag berücksichtigte und vergessene seelische Bedürfnisse haben können.

# Wir haben keine Wahl

Ich wurde 1973 ohne Arme und ohne Beine in Wien geboren. Nur auf der linken Seite ist ein kleiner Fuß mit einer Länge von heute insgesamt 25 Zentimetern. Damals war das Ultraschallgerät noch nicht routinemäßig in Betrieb und die Frage nach einem lebenswerten und erfüllten Leben wurde vor der Geburt noch nicht gestellt.

Ich studierte Psychologie, lebte in England und arbeite nun seit über zehn Jahren in Wien an einem der größten Spitäler Europas in der orthopädischen Abteilung. Hauptthema: Was macht den Menschen aus? Welchen Körperteil braucht er für das, was ihn wirklich ausmacht? Bis zu welcher Operation wird ein Leben als lebenswert empfunden? Während bei Patienten mit Krebs das Überleben im Vordergrund steht, konzentriert sich eine andere Gruppe von Patienten auf ästhetische Aspekte wie das Übergewicht, die Narbe, die Fehlstellungen von Armen oder Beinen.

Die Frage, welchen Körper ein Mensch braucht, wie viel Kilogramm beispielsweise eine Frau wiegen soll, wie groß ein Mann sein soll, wie symmetrisch ein Körper gestaltet sein soll, führt unter anderem zur Frage, wozu ein Körper überhaupt gut sein soll.

Die Tatsache, dass ich einen Körper habe, den kaum jemand mit mir tauschen möchte, aber gleichzeitig ein Leben, von dem viele Menschen träumen, stellt gesellschaftliche Anforderungen, Normen und Werte infrage. Wie kann es sein, mit einer Behinderung ein selbstständiges Leben zu führen, ohne Dinge des Alltags allein bewerkstelligen zu können? Wie kann es sein, ohne viele Muskeln, ohne Tanz, Glanz und Grazie keine

Probleme zu haben, richtige Partnerschaften und sexuelle Beziehungen aufzubauen? Wie ist es vorstellbar, eine Familie zu gründen, ohne in Haushalt und Garten behilflich zu sein?

Mit Logik und Verstand kann diese Frage in unserer wissenschaftlich-technischen Kultur nicht beantwortet werden. Die Wissenschaft kann den Wert, den Grund und den Sinn eines Lebens nicht erklären.

Es muss also mehr geben als Körper und Geist (= Psyche) – den Kern des Menschen, das, was ihn ausmacht und ihn steuert, seine Seele. Wenn der Kern des Menschen, die Seele, sich frei entfalten kann, ist es möglich, ein sinnvolles und glückliches Leben zu entwickeln und scheinbare Grenzen von Körper und Geist zu überwinden. Dieses Buch will zeigen, wie man das, was jemanden ausmacht, erkennen und fördern kann. Das, was man ist, jenseits körperlicher Perfektion oder körperlicher Schwachstellen. Wenn dieser Kern unseres Wesens gefördert und entwickelt wird, wirkt man schön, stark und gesund, auch wenn der Zahn der Zeit an Körper und Geist nagt. Vergleiche ich die Seele mit einer Puppe, so ist diese zu Beginn bei allen nackt. Die Entwicklung kleidet sie ein. Jeder muss für sich entscheiden: Sport-Barbie, Tanz-Barbie, Classic Look, schön oder hässlich? Wir haben die Wahl, was angezogen wird, nicht aber, dass angezogen wird. Wird auf die Seele vergessen, so sieht man das.

## Auf der Suche nach der Seele

Kann ich als naturwissenschaftlich orientierter Psychologe überhaupt von einer Seele schreiben? Handelt es sich hierbei nicht um ein rein theologisches oder philosophisches Konstrukt, an das man glauben kann oder auch nicht? Nach mehr als zwölf Jahren Berufserfahrung als Psychologe, zuerst in einer neurologischen, dann in einer orthopädischen Abteilung, muss ich betonen, dass der Mensch mehr ist als eine Körpermaschine und mehr als eine Fühl- und Denkmaschine.

Ich habe bereits früh bemerkt, dass der Kern eines Menschen, das, was ihn ausmacht – das Ich beziehungsweise die Seele – nicht rein vom Körper und auch nicht allein vom Verstand abhängt.

## Zwischen Theorie und Praxis

Als Psychologe erfahre ich einen großen Unterschied zwischen den Theorien darüber, wie Menschen sein sollen, und dem, wie ich diese Menschen erlebe. Im Krankenhaus begegne ich zum größten Teil Menschen, die körperlich krank sind – logisch. In meiner Praxis sehe ich überwiegend körperlich gesunde Menschen, die aufgrund irgendwelcher Sorgen zu mir kommen. In der Theorie müssten sich beide Gruppen in ihrem Wohlbefinden und ihrem psychischen Zustand voneinander unterscheiden. Das tun sie aber nicht.

Das Konzept von Behinderung der Weltgesundheitsorganisation (WHO) der 1980er-Jahre ging davon aus, dass das Ausmaß einer körperlichen Störung zugleich das Ausmaß an Behinderung ist. Somit wurden Einteilungen getroffen. Stark vereinfacht bedeutete das zum Beispiel: Der Verlust eines Beines unterhalb des Knies wurde als zirka 40-prozentige Behinderung eingestuft, der Verlust eines Beines oberhalb des Knies als 80-prozentige und so fort. Hieran wurde ermessen, was eine Person kann oder nicht kann.

Dementsprechend gut oder schlecht sollte die Lebensqualität dieser Menschen sein. Da dieses System nicht ganz der Realität entsprach, wurden neue Modelle vorgestellt. Diese berücksichtigen auch den psychischen Zustand einer Person, etwa wie stark jemand psychisch belastet ist, welche Möglichkeiten zum Ausgleich des Verlusts es gibt, wie sicher und fähig sich jemand fühlt, etwas zu tun. Das Ergebnis dieser Modelle: Behinderung hängt von dem Bild ab, das man von sich selbst hat. Dieses Modell entspricht meines Erachtens dem heutigen Verständnis des Menschen, nicht jedoch der Realität. Wir wissen beispielsweise auch aus der Werbung, was wir brauchen und wie wir leben sollen, um gut, toll und glücklich zu sein. Viele leben auch so, sie gelten als erfolgreich, haben Haus, Garten, Auto, Hund und Kinder, sind aber doch nicht wirklich glücklich. Wie kann das sein? Theoretisch gibt es einen Zusammenhang zwischen Wissen und Bildung.

Wir sind eben nicht nur, was wir glauben zu sein. Wir sind auch etwas, wenn wir es nicht mehr glauben. Diese Tatsache wird leider oft erst sichtbar, wenn jemand alt, krank oder behindert ist. Allein die Armee magersüchtiger Mädchen – viele stammen aus gutem Hause, verstehen, was sie lesen und schreiben, und leiden keine materielle Not – zeigt, dass sie mehr sind als sie glauben. Das, was sie ausmacht allerdings, haben sie ihrer Meinung nach verloren und ist nur über Umwege wiederzufinden. Dieses Selbst, dieses Ich, diesen Kern des Menschen, das, was ihn ausmacht und dem Leben erst Sinn verleiht, will ich Seele nennen. Darauf möchte ich mich konzentrieren.

Dieses Selbst, diese Seele muss meiner Meinung nach auch in naturwissenschaftlichen Theorien verankert sein, um ernst genommen und gefördert werden zu können.


**Von der Suche bis zum Modell**

Anhand dieses Buches möchte ich folgende Dinge darstellen:
- Erstens, dass es neben dem Körper und der Psyche (oder hier oft Geist genannt) auch so etwas wie eine Seele gibt. Diese ist meiner Ansicht nach eine Art Motor, Antrieb und Sinn für unser Leben. Sigmund Freud unterteilte Inhalte des

Wissens in unbewusst, bewusst und vorbewusst. Das heißt: Wir verfügen über Wissen, von dem wir wissen. Wir verfügen aber auch über Wissen, von dem wir nichts wissen. Der Neurologe, Psychiater und Psychotherapeut Joachim Bauer nennt dies „das Gedächtnis des Körpers". Vom Inhalt her unterscheiden wir zwischen Regeln, Normen und Werten, die mit den Gefühlen, Emotionen und Trieben so weit in Einklang stehen müssen, damit ein friedlicher Alltag erlebt werden kann. Wir wissen jedoch noch viel zu wenig, was genau den Menschen antreibt und was ihn großartig werden lässt oder verbrecherisch. Ein neues Konzept, in dem der Kern des Menschen, das, was ihn antreibt oder die Seele enthalten ist, wird vorgeschlagen.

- Zweitens wird mehrfach aufgezeigt, wie man seelische Bedürfnisse erkennen und im Alltag berücksichtigen kann. Zusätzlich dazu wird skizziert, weshalb man seelische Bedürfnisse berücksichtigen soll. Die Orientierung seelischer Bedürfnisse an Tugenden und Werten wie beispielsweise an der Liebe soll den Zusammenhang zwischen Schönheit, Krankheit, Geld und Glück erläutern.

- Drittens werden ab Kapitel 6 (S. 57 ff.) gesellschaftliche Werte und deren Auswirkungen auf unseren Alltag näher erläutert. An Werten, Normen und Regeln orientieren wir uns oft, ohne diese zu hinterfragen; sich nach Werten zu verhalten ist ein scheinbar sicherer Weg, um auch von Freunden und Bekannten als wertvoll angesehen zu werden. So leicht entkommt man also den Werten nicht. Und Werte übernehmen wir automatisch. Welche Werte und Richtlinien man auch vertreten mag, mit gesellschaftlich gültigen Werten und sogenannten Idealvorstellungen werden wir alle durch Werbung, Nachrichten, Politik etc. mehrmals täglich konfrontiert. Auch die individuellen Bedürfnisse der Seele werden an bestehenden Werten gemessen und anhand dieses Vergleichs wird entschieden, ob ein Bedürfnis befriedigt wird oder eine Norm, ein Wert erhalten bleibt. Die Revolution der 68er-Jahre hat bestehende Werte komplett hinterfragt. Die seinerzeitige Idee, Werte und Idealvorstellungen zu hinterfragen, war gewiss gut. Anhand damals neuer Lebensstrukturen in Form von Wohngemeinschaften und Kommunen beispielsweise war es sicherlich das Ziel der Zeit, neue Gedanken und Werte aufkommen und entwickeln zu lassen. Tatsächlich war jedoch eine wesentliche Folge dieses Infragestellens herkömmlicher Werte, dass Normen und Werte plötzlich ungültig und wertlos waren und nicht nur weniger erstrebenswert. Ein Nebeneffekt dieser friedlichen Revolution, der erst die nachfolgende Generation getroffen hat: In Deutschland war plötzlich die „Null-Bock-Generation" aufgetaucht, in Österreich zahlreiche Kinder, denen „fad" geworden ist. Wozu denn noch etwas fragen, etwas entdecken und ausprobieren? Aktivitäten jeglicher Art schienen doch ohnehin wertlos. Zur Bewertung von Aktivitäten, Berufen, Hobbys oder menschlichen Lebensformen blieb hauptsächlich das Geld übrig. Berufe werden anhand des Einkommens verglichen und die Frage „Wozu hast Du studiert, wenn Du so wenig verdienst?" muss auf einer materialistischen Ebene beantwortet werden. Werte und Normen so zu leben und zu erleben, dass sie mit Logik und Verstand erfassbar sind, verliert hierdurch seinen Sinn. Welchen Sinn hat schon Wissen? Und welchen Wert hat es? Es ist notwendig, Werte genauer zu betrachten, um unterscheiden zu können zwischen logisch erklärbarem Verhalten, das gesellschaftlich als wertvoll, gut oder schlecht gilt, und jenem Verhalten, das der Seele und dem Individuum dient, wie beispielsweise ein Künstler, der seiner Leidenschaft nachgeht. Dieser kann nicht sicher sein, dass sein Verhalten auch gesellschaftlich als wertvoll gilt. Dieser Konflikt zwischen menschlichem Verhalten und den gesellschaftlichen Werten wird meistens erst dann beachtet, wenn Handlungen von Menschen nicht mehr verstanden werden, wie zum Beispiel Quälerei von Menschen, Perversionen, Drogen etc.

Der Exkurs in die Welt der Werte lohnt sich auch aufgrund der derzeitigen technischen Fortschritte in den Industrieländern. Während zahlreiche Maschinen immer mehr Arbeit leisten, steigt die Zahl jener Menschen, die keine Arbeit finden können. Mindestsicherung, Pension und Sozialhilfe sichern zumindest das Überleben. Arbeitslosigkeit jedoch gilt als eine wertlose Existenz. Viele Menschen ohne bezahlte Arbeit fühlen sich nutzlos und wertlos. Dadurch kann die Zeit nicht genutzt und durch sinnvolle Tätigkeiten vertrieben werden. Ist ein Künstler nicht auch nur ein Mensch ohne Arbeit, aber einer, der sich mit Dingen zu beschäftigen weiß? Ein Problem, das mit gesellschaftlichen Werten zusammenhängt und über das es nachzudenken gilt. Das Problem der Umschulung und der Zumutbarkeit von Tätigkeiten ist nicht nur eine Frage des Könnens oder Wollens, sondern auch eine Frage des Wertes einer Tätigkeit, eine Frage des Warum.

Die Art und Weise, anhand derer die Seele dargestellt wird, erfolgt durch eine Systematik, die sich aus meinen Erfahrungen und meiner Ausbildung ergeben hat. Die persönlichen Erfahrungen beziehen sich sowohl auf meine eigene Behinderung als auch auf meinen Weg, den ich nicht ohne Unterstützung gehen könnte (im wahrsten Sinn des Wortes). Erfahrungen als Psychologe, die mir zeigen, dass es mehr im Leben gibt, als man wissenschaftlich erklären und erfassen, sehr wohl aber beobachten und beschreiben kann. Sie, verehrte Leserin, verehrter Leser, werden also ein paar Gedankensprünge zwischen meinem erworbenen Wissen und meinem erfahrenen und erlebten Wissen machen. Das mag nicht immer logisch erscheinen. Jeder Biologe wird mir zustimmen, dass die Blüte einer Blume keine logische Schlussfolgerung des Stängels ist.

## Der Beginn der Suche

Die Tatsache beziehungsweise die Behauptung, dass es so etwas wie eine Seele gibt, ist der Welt nicht neu. In unserem Alltag jedoch konzentriert man sich auf körperliche und geistig-psychische Aspekte. Ich konnte also von Seele nur lesen oder hören, aber sie nicht fühlen und sehen. Was mit dem Kern des Menschen, mit seinem innersten Wesen, mit seiner Seele gemeint war, das wusste ich lange nicht. Es macht einen Unterschied, ob man von etwas weiß oder es erlebt hat. Das vorherrschende mechanisch-technische Denken, unsere Art, anhand von Wissenschaft Mensch und Natur zu erklären, schließt eine Seele nicht ein.

Wenn ich von der Seele schreibe, so steht diese immer in Verbindung mit dem Körper und dem Geist. In der katholischen Lehre wird unter dem Begriff Geist etwas Göttliches, Übernatürliches verstanden. In diesem Buch werden mit Psyche, Geist oder Verstand die Funktionen und Prozesse von Gehirnfunktionen gemeint. Also hauptsächlich Lernen, Fühlen, Verstehen, Merken, Konzentrieren, Persönlichkeit und psychische Krankheiten.

Wir lernen wohl, was wir in unserem Leben alles brauchen, wie wir sein, wie wir uns verhalten sollen, was notwendig und was unnötig ist, wie man sich gut fühlt und wie schlecht. Aber wir wissen viel zu wenig, warum. Es wurde erkannt, dass jeder in die Schule gehen muss, um zu lernen – lesen und rechnen zu lernen und vieles mehr. Der Grund, weshalb wir lesen sollen, wird nicht ausreichend vermittelt. Studien belegen, dass sowohl die Anzahl der Minuten pro Tag, wo wir lesen, rückläufig ist, als auch die Anzahl von Kindern, die nicht lesen können, nach neunjährigem Schulbesuch steigt. Viele verstehen nicht, was sie lesen, auch wenn sie die Buchstaben beherrschen. Wissen ohne Sinn und ohne Inhalt wird wertlos. Auf die Seele wird hier vergessen.

## Persönlicher Ausgangspunkt

So will ich nun beschreiben, wie ich dazu gekommen bin, mit so etwas wie der Seele konfrontiert wurde. Von einer Trennung zwischen meiner eigenen Entwicklung und meiner Person als Psychologe nehme ich Abstand. So etwas wie den Kern des menschlichen Wesens habe ich ja auch an mir beobachtet.

Aufgrund meiner eigenen Behinderung musste ich des Öfteren bemerken, dass fremde Leute ein Bild von mir haben, dem ich in meiner Vorstellung nicht entspreche. Anhand seltsamer Bemerkungen und Fragen glaubte ich das zu erkennen. Ich wurde etwa als Erwachsener gefragt, in welchem Heim ich wohne, ob ich im Keller eines Krankenhauses schlafen müsse, ob ich Milch zum Einschlafen benötige etc. Ich wusste also bald: Ich bin anders, als mein Körper, mein Leben vermuten lässt. Zum Glück bemerkte ich noch als Kind, dass gesunde Kinder dieselben Probleme damit hatten wie ich. Somit schied mein Körper als Hauptproblem aus. Der nächstlogische Schluss, der mir bis zu meinem 25. Lebensjahr blieb, war der Gedanke: „Hauptsache, der Verstand ist in Ordnung." Klar, dort muss ja der Kern meines Wesens, meine Seele also sein. Logisch denken und kombinieren konnte ich und dies war schließlich das, was meiner Entwicklung half. Körper und Geist, die perfekte Einheit. Was ein Teil nicht schafft, wird durch den anderen kompensiert. Ressourcen können dort eingesetzt werden, wo es an etwas mangelt. Eine ideale, in sich geschlossene Einheit, diese Körper-Geist-Maschine, so dachte ich.

Eine Woche nach Beendigung meines Studiums ging ich im Rahmen eines Austauschprogramms nach England. Dort konnte ich als Psychologie-Assistent an einer neurologischen Abteilung arbeiten. Merkfähigkeitstests, Konzentrationstests, sprachliche und nicht sprachliche Aspekte von Personen nach einem Schlaganfall oder nach Schädel-Hirn-Traumata waren die Aufgaben eines Psychologen dort.

All das, was ich bisher als den Kern des Menschen, als den Sitz seines Wesens bezeichnet hatte, funktionierte bei diesen Patienten mehr schlecht als recht oder gar nicht. Viele wussten weder wer sie waren, wo sie waren, noch was sie bisher erlebt hatten. Für die Zukunft zu planen, etwas zu hoffen oder gar an etwas zu glauben war den meisten nicht möglich. Außerdem lernten mich einige jeden Tag neu kennen, da die Merkfähigkeit stark reduziert war. So ging es nicht nur mir, sondern auch den Ehepartnern, Kindern, Freunden und langjährigen Bekannten dieser Patienten. Die Körper dieser Patienten waren oft ohne Schäden. Vom älteren Herrn über die 22-jährige Dame bis hin zum durchtrainierten Soldaten waren alle unterschiedlichen Körper vorhanden.

Jedoch bei jedem Patienten war in kürzester Zeit sein innerster Kern, sein Wesen, also seine Seele deutlich erkennbar. Das, was ihn ausmachte, ob klug, bedacht, fröhlich oder ruhig und zurückgezogen, dies alles wurde rasch sichtbar. Ein Mensch wie du und ich – nur ohne klaren Verstand und ohne Gefühlskontrolle. Und diesen Kern des menschlichen Wesens hatte nicht nur ich, sondern jeder, der dort arbeitete, immer gern; auch wenn das Verhalten dieser Patienten unverständlich war und korrigiert werden musste.

Dadurch konnte ich meine Theorie über die tolle Einheit des Menschen von Körper und Geist nicht mehr aufrechterhalten. Hinsichtlich körperlicher Merkmale sowie deren Steuerung und Einsatz inklusive psychisch-geistiger Fähigkeiten blieb von dieser Körper-Geist-Einheit wenig übrig. Der gesellschaftliche Nutzwert dieser Menschen lag jenseits der Bewertungsgrenze. Von wegen Ressourcen-Modell! Ob mit oder ohne sogenannte Ressourcen, der Kern der Menschen existierte unabhängig davon. Ich merkte ja, dass ich nicht nur an den stark beeinträchtigten geistig-kognitiven Fähigkeiten mit Patienten arbeitete, sondern dass ich direkten Kontakt mit dem hatte, was diese Menschen ausmachte: mit der Seele. Es gibt

seither also spürbar mehr für mich, als Körper und Geist vermitteln.

Bei Menschen mit körperlichen oder geistigen/psychischen
Behinderungen ist es deutlich sichtbar und klar, sich auf die
Suche nach dem Kern des Menschen oder eben nach der Seele
zu begeben. Das, was diese Menschen ausmacht, kann mit
körperlich-materiellen und geistig-psychischen Leistungsan-
forderungen nicht mithalten und nicht verglichen werden. Bei
dieser „Sondergruppe" gelten andere Maßstäbe. Dies macht das
Alltagsleben gleichzeitig leichter und schwieriger. Leichter,
weil körperliche und psychisch-geistige Anforderungen nicht
im selben Ausmaß gestellt werden, um dem gesellschaftlichen
Gesamtbild entsprechen zu müssen; schwieriger, da das notwendige Zu- und Vertrauen in eigene Fähigkeiten oft redu-
zierter verteilt wird. Die sogenannte Seele wird hierdurch
rasch verkleinert, verharmlost und nicht ernst genommen.

**Wen betrifft die seelische Entwicklung?**

Die Bedeutung der Seele für den gesunden, netten, attraktiven
und starken männlichen oder verzaubernden weiblichen Körper rückt oftmals in den Hintergrund. Den Anforderungen des
Lebens muss entsprochen werden. Eine gute Position in der
Gesellschaft kann zunächst auch ohne Berücksichtigung der
Seele erreicht werden. Nicht leicht natürlich, aber durch harte
Arbeit in den Bereichen Beruf, Geld, Auto und Haus, im Hobby
und an der Figur oder den Muskeln. Lediglich ein Phänomen
deutet auch bei gesunden, hübschen Menschen auf die Notwendigkeit hin, seelische Bedürfnisse zu beachten: die Zeit.

Klar ist nämlich, dass unser jetziges Leben – zumindest
Körper und Geist/Psyche – der Zeit unterliegt. Der Verlust man-
cher Körperteile wie beispielsweise Haare, Zähne oder Körper-
eigenschaften wie glatte Haut, kräftige Muskeln etc. ist Teil des

normalen Alterungsprozesses. Somit wird Alter zwar als normal angesehen, es stellt aber die gesellschaftliche Position und den eigenen Wert erneut infrage. Dieser gesellschaftliche Platz im Leben wird viel und vehementer hinterfragt, wenn die Position von rein körperlichen oder rein kognitiven/geistigen Erscheinungsmerkmalen abhängig gemacht wird. Ein Pioniergeist jedoch hat immer den ersten Platz, egal wie hässlich, schön, jung, alt, arm oder reich jemand ist. Dieser lapidar genannte Pioniergeist hängt hauptsächlich von der Entwicklung seelischer Bedürfnisse ab.

Als Psychologe lernt man sowohl von Intelligenz, Leistung, Lernen, Konzentration, Verhalten als auch von Begriffen wie Persönlichkeit, Bewusstsein, Ich oder Selbst. Wieso nicht von einem Begriff wie Seele? Kann es denn ohne die Berücksichtigung des Sinns im Leben, ohne das Warum, Wozu, Wofür überhaupt zu einer optimalen Entwicklung des Verstandes und der Persönlichkeit kommen?

Wieso ausgerechnet die Seele, kann man mich fragen. Weil der IQ, das Lernen, die Leistung, die Persönlichkeit, das Bewusstsein oder auch das Selbst durch Krankheit, Unfall etc. verändert, ausfallen und beeinflusst werden kann. Mit Seele jedoch, mit dem Kern des Menschen meine ich etwas Unveränderbares, etwas, das ihn ausmacht und definiert, das Körper und Geist mittragen, das aber auch noch existiert, wenn Körper und Geist weniger dazu beitragen können, wie zum Beispiel im hohen Alter.

„So ein Blödsinn", mag der Naturwissenschaftler denken. „Aber sie existiert doch", muss erwidert werden.

# Seele als Gefangene des Körpers?

### Kindheit mit Behinderung

Am Beispiel meiner eigenen Erfahrung im Umgang mit Behinderung soll kurz dargestellt werden, wie normal sich eine Seele in einem weniger normalen Körper entwickeln kann.

Wie ist es, mit einer Behinderung aufzuwachsen, werde ich oft gefragt. Ich habe zwei nicht behinderte Brüder und wuchs mit ihnen gemeinsam auf. Ich wollte und konnte spielen wie alle anderen Kinder auch, und wenn mir etwas nicht möglich war, so übernahmen entweder meine Brüder, Freunde oder Eltern die Funktion von Armen oder Beinen. Wie bei Brüdern üblich, haben wir auch gestritten. Nicht zu viel und nicht auffallend wenig. Ich hatte ein speziell umgebautes Dreirad und ab dem zehnten Lebensjahr einen elektrischen Rollstuhl. Natürlich war ich auch überall dort, wo meine Freunde und Brüder waren. Stiegen, Steigungen, Gruben, Spielplätze etc., ich war eigentlich immer dabei. Dass ich behindert war, wusste ich wohl. Unangenehme Reaktionen auf meine Behinderung fremder Kinder oder Erwachsener waren nicht nur mir, sondern auch meinen Brüdern und Kameraden unangenehm. Da wir trotz unserer individuellen Art einen starken Zusammenhalt hatten, waren für uns immer die Reaktionen fremder Leute das Problem. Meine Behinderung wurde nie wirklich als Problem oder Übel betrachtet. Wie steil ein Weg auch sein mochte und wie schwach der Rollstuhl, immer wurde der Weg, der Rollstuhl, ein Nagel, Stein oder irgendein Hindernis als Problem betrachtet – selten ich.

Dies machte mich als Person von meinem Körper relativ unabhängig. Bis, ja bis das Interesse für das Zusammensein mit Frauen erwachte.

## Perspektiven des Heranwachsenden

Meine ganze Kindheit hindurch wurde ich während der Sommerferien in Heidelberg an der orthopädischen Klinik medizinisch behandelt. Entweder musste ich operiert werden oder mir wurden Arm- und Beinprothesen angepasst. Ich musste lernen, mit den Beinprothesen zu stehen und zu spielen, mit den Armprothesen zu schreiben und zu essen. Wozu, wusste ich als Kind nicht. Im Gegenteil, Prothesen wollte ich nicht. Schwer waren sie und machten mich langsam – langsam in der Fortbewegung, langsam beim Spielen und langsam beim Essen.

Mit dem Interesse an Frauen jedoch hatte ich Sorge, dass mein Körper nicht ganz die Erwartungen von Frauen treffen würde. Mir fiel plötzlich auf, dass ich mich zwar gesund, jung und kräftig fühlte, aber eben nicht komplett. Die Prothese ersetzte zumindest optisch die fehlenden Teile. Die Bedeutung einer Prothese war damit geboren. Während ich als Kind mit einem Metall-Haken (Huk) an meiner Prothese ausgestattet wurde, trug ich als Jugendlicher eine echt aussehende Hand. Bereits am ersten Tag, an dem ich meine Echthandprothese erhielt, fragte mich eine Mitpatientin in Heidelberg, ob ich nicht mit ihr ein Eis essen gehen wolle. Ich wollte. Während des Eisessens und anschließenden Gesprächs legte diese Mitpatientin, deren Namen ich vollkommen vergessen habe, ihre Hand auf meine Prothesenhand. Ich war vollkommen verblüfft. Ein erstes wichtiges Zeichen beziehungsweise Ritual zwischen Mann und Frau war geboren. Zum ersten Mal machte es also nicht nur funktionell, sondern auch sozial Sinn, dass ich meine Prothese trug. Heute ist es selbstverständlich, dass meine Frau oder eines meiner Kinder an meiner Prothese entlang spaziert.

Zu diesem damaligen Erstkontakt in Heidelberg sind weit mehr sozial notwendige Umgangsformen hinzugekommen, wie beispielsweise das Händeschütteln beim Begrüßen, das Sich-Bedanken beim Autofahren, das Winken beim Abschied, das Zeigen auf etwas während eines Gesprächs. Die Bedeutung von Ästhetik und Funktion des Körpers für den sozialen Umgang wurde immer stärker.

Die Tatsache, dass ich meine Hilfsmittel (Prothesen, Rollstuhl etc.) einsetzen konnte, um an sozialen Ereignissen teilzunehmen, gewann an Bedeutung. Die Funktion und der technische Fortschritt standen im Vordergrund. Eine sogenannte Aufwertung des Körpers durch Schmuckgegenstände, Uhren, Krawatten oder ähnliche Statussymbole hatte für mich noch sehr wenig Bedeutung. Dementsprechend wenig achtete ich darauf, wie ich gekleidet war. T-Shirt, lockere Jacke etc. hatten ihre Funktion zu erfüllen und waren Versuche, meine Individualität auszudrücken. Sie galten jedoch noch nicht als Symbole, die auf meinen Wert oder einen Platz in der Gesellschaft hindeuten könnten. Es dauerte jedoch nicht lange, bis ich bemerkte, dass auch diese Gleichgültigkeit gegenüber Mode, Frisur, Sauberkeit des Rollstuhls etc. von meinem Umfeld bewertet wurde. Bewertet im Sinne von kategorisiert – in meinem Fall erfolgte diese Einteilung für mich deutlich spürbar mit zirka 17 bis 19 Jahren. Ich saß in der U-Bahn und es regnete. Ich war funktionell gekleidet und genauso frisiert (längere Haare), als ein Kontrolleur das Abteil betrat. Alle wurden kontrolliert, nur der Sandler neben mir und ich wurden mit einer abwinkenden Geste frei fahrend durchgelassen.

„Man kann nicht nicht kommunizieren." Diese Aussage von Paul Watzlawick, einem der bekanntesten Kommunikationsforscher, fiel mir als angehendem Fachmann natürlich sofort ein. Was ich jedenfalls nicht kommunizieren im Sinne von vermitteln wollte, war, ein ungepflegter Penner zu sein. Neben die Frage, was ich anziehen mochte, trat die Frage, wie ich wahrgenommen und gesehen wurde. Ob ich so gesehen wurde, wie ich gesehen werden wollte? Wahrscheinlich nicht, aber an mir oder allein an meiner Kleidung lag es in meinen Augen nicht mehr. Das genügte, um auch äußerlich an mir zu arbeiten.

So ein Absatz ist schnell geschrieben und zeigt nicht die Anstrengungen und Ängste, die Sorgen und viele zahlreiche Versuche, die nicht immer gelungen sind. Das möchte ich nicht vortäuschen. Wir orientieren uns an Werten und ein Ziel dieses Buches ist es unter anderem, eine grundlegende Diskussion über zahlreiche Anforderungen, die an den modernen Menschen gestellt werden, neu zu ermöglichen.

Meine Entwicklung war also meine Bestätigung dafür, dass Ziele und Wünsche, berufliche Positionen und Hobbys angestrebt werden können und müssen, die von meinen körperlichen Fähigkeiten relativ unabhängig waren. Mit relativ meine ich, dass ich natürlich, wie jeder andere auch, einen Körper brauche, jedoch in meinem Beruf überwiegend auf geistige Arbeiten angewiesen bin. Wie ich dabei auf meinen Körper achte und was ich diesem antue, kann ich genauso wenig verbergen wie alle anderen Menschen.

Diese Anforderungen an den modernen Menschen zielen sowohl auf körperliche als auch auf geistige (psychische) Aspekte ab. Bei dieser Körper-Geist-Zweisamkeit wird auf sogenannte seelische Bedürfnisse und Anforderungen komplett vergessen. Die Schwierigkeit liegt vor allem darin, dass körperliche Fähigkeiten und Eigenschaften sowie die geistige Leistungsfähigkeit und Begabung gut mess- und darstellbar sind. Ein seelischer Entwicklungsprozess hingegen ist naturwissenschaftlich schwer darstellbar. Dennoch spielt er eine große Rolle, besonders bei der Frage nach der Sinnhaftigkeit eines Lebens.

# Psychologische Aspekte

Wenn sich meine Erfahrungen mit Patientinnen und Patienten nicht mit den Meinungen der Lehrbücher decken, gehe ich gedanklich zurück zum Start und beginne bei der Definition meines Berufs.

Die Psychologie ist – siehe da – per Definition die Wissenschaft beziehungsweise die Lehre des Gemüts, der Seele, des Lebenshauches. Und dabei hat Immanuel Kant behauptet, die Psychologie würde nie eine Wissenschaft werden, da es unmöglich wäre, psychische Prozesse im Experiment zu messen.[1] Die Psychologie als eigenständiges wissenschaftliches Gebiet seit 1879, eine relativ junge Disziplin also, versucht menschliches Denken, Fühlen und Handeln zu erklären. Dies erfolgt anhand der Erfassung von Gefühlen, Leistungsfähigkeit, Verhalten, Lernen, Motivation, psychischen Erkrankungen und Möglichkeiten, Probleme des Alltagslebens zu meistern oder zumindest zu bewältigen. Es geht darum zu erkunden, was in uns vorgeht und wie unser Verhalten kontrolliert, gesteuert oder wenigstens gewaltfrei eingestellt werden kann. In der Sportpsychologie und im Coaching ist das Ziel die Optimierung geistig-psychischer Vorgänge, um dem Körper zu guten Leistungen zu verhelfen.

Betrachtet man den Menschen als Dualität von Körper und Psyche, so ist es die Aufgabe der Psychologie, sich anhand zahlreicher Tests mit dem Teilbereich Psyche zu befassen. Die Auswirkungen von Gedanken auf körperliche Kennwerte

---

1   Vgl. Ken Wilber: Integrale Psychologie. Geist, Bewußtsein, Psychologie, Therapie, Freiburg i. Br. ⁴2012.

widerspiegeln den Zusammenhang von Körper und Geist beziehungsweise Psyche. Anhand der klinisch-psychologischen Verfahren wird rasch erkennbar, mit welchen psychischen Fähigkeiten, Merkmalen und Defiziten eine Person im Moment der Begutachtung ausgestattet ist. Mittels dessen können Therapie- und Trainingsmöglichkeiten vorgeschlagen sowie Wahrscheinlichkeiten, mit denen Verhaltensmuster auftreten, abgeschätzt werden. Was die Psyche antreibt, welche Fähigkeiten weiterverfolgt und welche Verhaltensweisen ausgebildet werden, lässt sich jedoch nicht abschätzen.

Doch als Psychologe sieht man noch viel mehr. Man erkennt, ob das sogenannte Wesentliche im Leben, das, was Sinn gibt, fehlt oder nicht fehlt. Die Testergebnisse sind oft ein Spiegel dessen, was nicht gefragt oder gefordert wird. Nämlich das WOZU, WOFÜR etwas lernen, entwickeln oder gar verändern? Kognitive und körperliche Leistungsdefizite sowie die emotionale Belastbarkeit und Zumutbarkeit von Stress und Arbeitsbedingungen sind häufige Fragestellungen. Eine objektiv messbare und darstellbare Leistungsfähigkeit und Belastbarkeit ist in der Psychologie eine Illusion. Die Leistungstests liefern sehr wohl objektive Ergebnisse, die zeigen, wie fähig eine Person zum Testzeitpunkt ist. Dieses objektive Ergebnis muss aber in Zusammenhang mit den subjektiven Lebensumständen gebracht werden. Wenn man keine Interessen hat, nicht gewohnt ist, viel zu lesen, ängstliche Persönlichkeitsmerkmale aufweist und dann einen Leistungstest bestehen muss, darf es nicht verwundern, dass schlechte Werte herauskommen. Die schlechten Werte an sich sind selten das Problem. Es hängt von Situation und Umgebung ab, inwiefern das Ausmaß einer Leistung als defizitär erlebt wird oder nicht. Und da wären sie wieder, die Fragen: Wozu lesen lernen, wo doch heute kaum noch jemand liest? Wofür die Rechtschreibung? Wozu Kopfrechnen lernen? Um die Schule zu bestehen? Nur zum Autofahren und Geldverdienen?

# Auf die Seele vergessen?

Die Seele ist meines Erachtens die treibende Kraft im menschlichen Körper. Letzterer ist, um mit Joachim Bauer zu sprechen, biologisch darauf ausgerichtet, „verstanden zu werden". Diese Ansicht teilen auch andere Wissenschaftler. Demnach sind Wissenschaft, Kunst, Sport, Liebe sowie jede andere Aktivität, die eine Person ausübt und anhand derer man sie als Individualität erkennt, erstrebenswert. Die Frage jedoch lautet: Von wem? Wer oder was strebt danach? Es ist die Seele, die den Körper und den Verstand einsetzt, um als „Ich" erkannt zu werden. Durch unser Tun entwickeln wir uns und wollen diesen Zustand anderen mitteilen. In diesem Prozess des Erkennens und Mitteilens, der in der Liebe, besonders bei der Sexualität seinen Höhepunkt findet, wird also ein Sinn gesehen. Danach streben wir.

Dieses Streben kann jedoch in negativer Hinsicht, bei Missachtung seelischer Bedürfnisse, auch Leid und Destruktivität erklären. Bei allen Bereichen wird etwas Individuelles ausgelebt und preisgegeben, das von der eigenen Person selbst und anderen gesehen und erkannt werden kann. Die Frage nach dem Erkennen des Selbst, nach dem *Wer bin ich?*, lässt sich nicht mit einem Schlag beantworten und klären. Wie ein Stempel wäre das, der keine Veränderung billigt. Die Frage, *wer ich bin, stellt sich von Kindheit an und muss im Laufe des Lebens* ständig neu gestellt und beantwortet werden. Dieses Thema muss bereits in die frühkindliche Erziehung von Kindern einfließen. Wenn nicht, kann es leicht dazu kommen, dass Kinder und Jugendliche diese Fragen ohne Werte und ohne Unterscheidung zwischen richtig und falsch beantworten werden. Allerdings werden sie nur das Gefühl als Wegweiser haben. Und wenn der Hass zum Wegweiser wird, weil man nicht verstanden wird, braucht man sich nicht zu wundern, wie man so werden kann, dass man Waffen in die Schule mitnimmt, Menschen vor die

U-Bahn stößt, erschießt oder vergewaltigt. Wir wundern uns darüber, dass gewöhnliche, oft unauffällige Mitmenschen mit voller Zurechnungsfähigkeit und bei vollem Bewusstsein einfach losziehen und zu Tätern werden.

Genauso wundern wir uns heute, wie es sein kann, dass scheinbar wohlhabende, intelligente arbeitende Menschen ein Burn-out-Syndrom entwickeln, plötzlich über Nacht psychisch krank werden und nicht mehr am gesellschaftlichen Leben teilhaben können.

Dieses Wundern über menschliches Verhalten und über Leistung kann auch in die andere Richtung erfolgen. Menschen, die auf den ersten Blick weder besonders schön noch besonders stark, sondern im Gegenteil in irgendeiner Weise sogar gehandicapt, sprich behindert sind, erreichen manchmal Ziele, die unglaublich scheinen. Sie feiern berufliche Erfolge, sind finanziell gut gestellt, gründen Familien und führen ein in vieler Hinsicht gutes Leben.

Die Antwort auf die Frage nach dem Grund unseres Daseins ist die Antwort auf die Frage nach den Bedürfnissen der Seele. Das muss jeder von uns in seinem Leben selbst herausfinden. Die Möglichkeit, seelische Bedürfnisse zu erkennen und zu erfüllen, wird einem erst gegeben, wenn man danach fragt.


**Individuelle Seele in Gesellschaft?**


Die Entwicklung psychischer Fähigkeiten sowie der Persönlichkeit muss zusätzlich in dem Kontext bedacht werden, dass der Mensch als soziales Wesen gilt. Um die Frage zu beantworten, wer man ist, muss man sich mit anderen vergleichen und messen können, sich an anderen orientieren. Ob ein Sportler schnell oder langsam ist, kann er nur an der Zeit erfassen, mit der andere dieselbe Strecke laufen. Die individuelle Entwicklung von Fähigkeiten, Eigenschaften und Verhalten hängt zunächst unmittelbar von dem Netzwerk, dem Familienverband beziehungsweise der Peergroup ab, denen man angehören möchte oder auch nicht. Ebenso mächtig wirken Gruppen wie Völker, Nationen, Religionsgemeinschaften, Berufsgruppen etc.

Die Behauptung, dass wir auf Zugehörigkeit und Verständnis angewiesen sind, ist mittlerweile über die Grenzen der philosophischen und psychologischen Lehren nachweisbar. Wir sind auch biologisch darauf angewiesen, von anderen Menschen verstanden zu werden. Spätestens seit der Entdeckung der Spiegelneuronen samt ihrer Funktion bei dem Prozess des Verstandenwerdens kann man Freuds therapeutischen Prozessen von Übertragung und Projektion Glauben schenken. Um sozial zu sein, benötigt man mehr als seinen eigenen Körper. Man ist auf Gesellschaft angewiesen, auf die Meinung anderer, auf den Austausch und auch darauf, verstanden zu werden. Im Vordergrund steht nicht allein die Meinung anderer, sondern ebenso wesentlich ist bereits die Vermutung darüber, was die anderen von einem glauben. Folglich benötigen wir zur Integration in eine Gesellschaft einen Körper, der sich integrieren lässt. Dieser Integrationsprozess hängt stark von Werten und Normen ab, die neben dem Verhalten auch das Aussehen des eigenen Körpers betreffen.

Neben diesem Verstandenwerden durch andere Menschen ist es unser biologisches Bestreben, unsere Welt zu verstehen. In Wissenschaft und Erkenntnis liegt also ebenfalls ein Sinn des Lebens. Neugierde und Interesse gepaart mit Talent und der Vermittlung einer Gewissheit durch Eltern, dass dieses Streben wertvoll ist, können dieses Bedürfnis fördern. Eine Leidenschaft und Liebe für ein Fachgebiet oder eine Tätigkeit kann entstehen. Seelische Bedürfnisse können anhand jeder Tätigkeit sichtbar beziehungsweise erlebt werden. Nicht umsonst hat der Begriff „brauchen" seinen Ursprung im Genießen – *fruer, fructus*. Brauchen in vielerlei Hinsicht, ob wissenschaftlich, medizinisch, psychologisch, technisch, künstlerisch – wenn man gebraucht wird, lebt die Seele mit. Brauchen aber ohne Abhängigkeit, ohne Verpflichtung, Druck oder Stress. Diese Aspekte gehen auf den Verstand zurück, nicht auf die Seele.

Erfahrungswissenschaftlich beobachtbar, jedoch noch nicht ergründbar sind Gefühle. Wir erfassen, beschreiben und regulieren bis zu einem gewissen Grad Gefühle, können deren Ursprung und Ursache noch nicht voll verstehen. Während positive Gefühle als erstrebenswert, befriedigend und richtig angesehen werden, gelten Aggression, Trauer, Leid und Schmerz immer noch als nicht erstrebenswert, nicht richtig und als falsch. Das Gefühl hat IMMER recht. Das will nicht heißen, dass es immer richtig ist. Sehr wohl aber, dass es immer auf etwas hindeutet. Und zwar auf Bedürfnisse der Seele: bei Aggression, Schmerz, Leid und Trauer auf nicht erfüllte, unterdrückte, vergessene oder sich in Gefahr wiegende seelische Bedürfnisse.

Die vergangenen zehn Jahre ließen die Bedeutung von Aggression erkennen und deklarierten diese als Ausdrucksform von Unverstandenheit und als einen Versuch, das Scheitern von sozialen Beziehungen aufzuhalten. So weist zum Beispiel der Neurobiologe und Psychiater Joachim Bauer in seinen Büchern darauf hin, dass Aggression zum Ziel hat, eine Beziehung zu „reparieren", und nicht, diese zu zerstören.[2]

---

2 Joachim Bauer: Prinzip Menschlichkeit. Warum wir von Natur aus kooperieren, Hamburg 2006.

# Die Seele wissenschaftlich verankern

Solange also menschliches Verhalten, menschliche Leistungs-fähigkeit und menschliche Gefühle anhand von Wertvorstellungen erfasst und beschrieben werden, sprechen wir lediglich von den Folgen und Auswirkungen von seelischen Zuständen. Wir sind noch nicht am Kern des Menschen, an dem, was ihn antreibt, und an dem, was Gefühle auslöst und zu wunderbaren oder grauenhaften Taten führen kann.

## Die Seele verbunden mit psychischen Inhalten

Die Seele muss naturwissenschaftlich erfassbar werden. Hierfür benötigt man zunächst Modelle. Es ist schwer vorstellbar, dass 2013 noch kein psychologisches Modell vom Konstrukt Seele, von dem Innersten dessen, was den Menschen antreibt, existiert. Bei der Suche nach dem Kern des Menschen, nach seinem Wesen, nach dem, was ihn ausmacht, lohnt es sich, auch an Sigmund Freud zu denken. Er unterteilte psychische Inhalte in drei Kategorien: unbewusst, vorbewusst und bewusst. Dies hat auch heute noch uneingeschränkt Gültigkeit. Er muss hierbei auch auf den Kern des menschlichen Wesens gestoßen sein. In dem Kommunikationsmodell von Eric Berne wird der Mensch mit seinen psychischen Inhalten in Anlehnung an Sigmund Freud folgendermaßen dargestellt:

**Über-Ich** (vorbewusst) mit den Inhalten von Regeln und Verboten, von Werten und Tugenden

**Ich** (bewusst) als Persönlichkeit einschließlich Selbstwert mit all meinem Wissen und „erlaubten Wünschen"

**ES, Kind** (unbewusst) als Inhalt von Gefühlen und Trieben

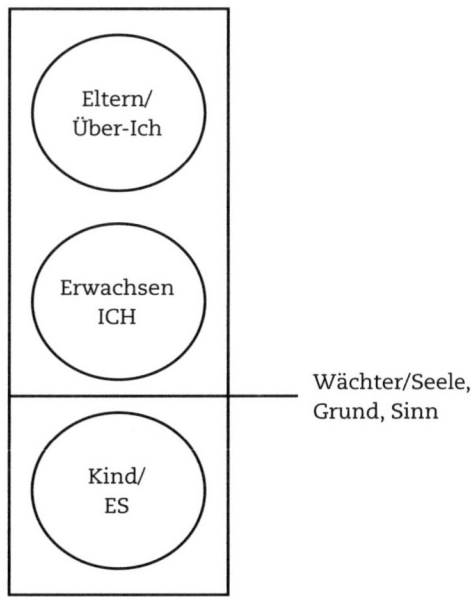

Wächter/Seele,
Grund, Sinn

Darstellung psychischer Inhalte mit von Freud bezeichnetem Wächter.
Dieser wird als Kern des Menschen, als SEELE bezeichnet.

Wie bei Freud wurde dieser Abbildung, deren Schema von
Berne (1986) übernommen wurde, der **Wächter** eingezeichnet,
der bei Freud jene Instanz darstellt, die Gefühlen den Zutritt
zum Bewusstsein ermöglicht oder verbietet. Diese Position des
(bei Freud) Wächters steht also mit (unbewussten) Gefühlen,
Drängen, Trieben in Verbindung. Gefühle entstehen zwar im
Kopf, werden aber im Körper ausgetragen. Dieser Wächter muss
auch Kontakt zum Körper haben und das Gefühl dort verbieten.
Das Ausleben des Gefühls im Körper wird also verboten, nicht
das Gefühl selbst. Das Verbot kann als Bewertung betrachtet
werden. Es besteht daher auch eine Verbindung zu dem, was
angestrebt, was als gut bewertet wird.

Es wird folglich in dieser Position des Wächters weit mehr
gesehen als in der von Freud beschriebenen Wächter-Position.

Es scheint mir, als läge hierin die wahre antreibende Kraft. Dieser Wächter bestimmt nicht nur, welche Gedankeninhalte, Wünsche, Gefühle etc. bewusst werden dürfen, sondern vor allem, welche Gedankeninhalte den Wert in sich bergen, geäußert und verfolgt zu werden. Der Wächter, im Folgenden Seele genannt, muss bei der Entwicklung der diversen psychischen Inhalte berücksichtigt werden. Dieses Konstrukt spielt eine Schlüsselrolle. Jedoch auch die Seele durchläuft eine Entwicklung, die sich den jeweils aktuellen Bedürfnissen von Psyche und Körper anpasst. Die Wünsche, Gefühle, Sehnsüchte und Triebe sind im Grunde immer dieselben, unterliegen jedoch stets der jeweiligen sozialen, körperlichen und psychischen Situation. Eine Nicht-Beachtung seelischer Bedürfnisse sowie eine Kränkung der Seele würden all jene Taten erklären können, zu denen auch Menschen mit klarem Verstand fähig sind.

Das veränderte Bild von psychischen Inhalten, die mit der Seele in Kontakt stehen, sieht demnach folgendermaßen aus:

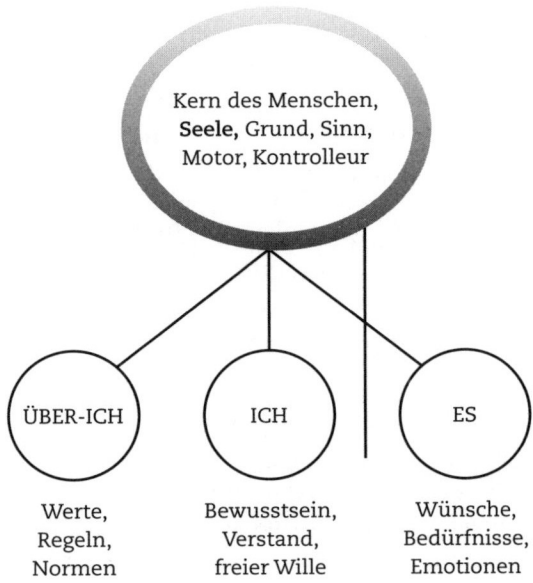

Diese Position der Seele, die auch die Wächter-Funktion inne-hat, die also dem Körper das Erleben von Gefühlen erlaubt oder verbietet, erscheint logisch. Hiermit ist ein Modell geschaffen, anhand dessen klar wird, weshalb Bedürfnisse der Seele be-rücksichtigt werden müssen. Dieses Schlüsselelement steht in Verbindung zu Körper und Psyche-Geist.

## Seelische Probleme vor psychischen Erkrankungen?

Die Anforderungen, die das Leben an Menschen stellt, sind gesellschaftlich und kulturell bedingt geprägt und lassen sich grob gesehen in sichtbare und unsichtbare Forderungen unter-teilen. Die sichtbaren können in Form von materiellen Werten behandelt und erreicht werden und betreffen die Arbeit am eigenen Körper (schlank, fit, schön), das Beschaffen von Geld (mehr Geld, mehr Wert) und lebensnotwendigen Dingen wie Wohnung, Auto, Kleider, Haus, Garten etc. Die unsichtbaren sind behandel- und erreichbar durch die Entwicklung von Werten und Verwirklichung von Zielvorstellungen. Indem es gelingt, so zu werden, wie man es sich vorstellt, und indem man beispielsweise gesellschaftliche Positionen einnimmt, die den eigenen Wert repräsentieren. Die Orientierung an Werten und Zielen erfolgt mithilfe von Gefühlen. Die Orientierung geschieht durch Bewertung. Positive Emotionen, also angenehme Ge-danken, werden als anstrebenswert und richtig (zumindest nicht falsch) bewertet. Negative Emotionen, demnach alles Unangenehme, Ängstliche, Beschämende, gelten als falsch, sie müssen vermieden und möglichst verhindert werden.

**Woran orientiert sich die Seele?**

Die Bedürfnisse des Kerns des Menschen – dessen, was ihn ausmacht, seiner Seele also – orientieren sich nicht an gesellschaftlichen oder kulturellen Normen. Dem Nachgehen von Interesse, das Streben nach Kompetenz, Wissen oder Kunst, das Verfolgen einer Neugierde, all diese seelischen Bedürfnisse können gesellschaftlichen Werten scheinbar sogar widersprechen. Dennoch liegt in der Verfolgung dieser seelischen Bedürfnisse oft der sogenannte Sinn des Lebens. Sofern wir auf einen hoffen dürfen.

Dieser Widerspruch ist durch Gefühle erfahrbar. Der Drang eines Wissenschaftlers, etwas genauer betrachten zu wollen, immer und immer wieder, bis es verstanden wird; der Versuch, ein Bild zu malen, bis es so aussieht, dass man zufrieden ist – solange das Ergebnis nicht sichtbar, der Erfolg nicht spürbar und erfahrbar ist, spielt einem das Gefühl einen Streich. Denn es arbeitet so lange gegen das Weitermachen und Üben, solange es den Erfolg nicht kennt. Diese emotionale Arbeit erfolgt anhand negativer Gefühle. Diese äußern sich körperlich durch Verspannung, Schmerz, Druck auf der Brust, Kraftlosigkeit. Geistig zeigt sich diese Arbeit anhand negativer Gedanken wie zum Beispiel: „Wieso machst du das? Du Versager? Du fauler Hund, mach weiter! Du bist zu dick dafür, zu schwach, zu dumm, zu untalentiert ...“

Das grundlegende Problem kommt von der Bewertung der Gefühle.

1.  Es ist nämlich nicht immer alles, was angenehm ist, richtig und alles Unangenehme falsch.
2.  Gefühle entwickeln sich oder müssen (oft mühsam) erzeugt werden. Der Erfolg, beispielsweise eines Musikers, tritt erst nach jahrelangem Training auf.
3.  Gedanken sind zukunftsorientiert (António R. Damásio), während Gefühle den Moment bewerten. Vorstellungen von Situationen, Ereignissen, gesellschaftlichen Positionen, die in Zukunft vielversprechend wirken, geben unmittelbar ein gutes Gefühl. Diese Vorstellungen wirken somit erstrebenswert.

In psychologisch gesehen sehr vereinfachter Form wird davon ausgegangen, dass Probleme in unterschiedlichen Situationen von Ressourcen abhängig sind. Ein Problem tritt somit aufgrund fehlender Mittel, Kräfte, emotionaler Stärke etc. auf. Das Problem kann gleichermaßen finanzieller, beruflicher oder psychischer Natur sein wie beispielsweise das Burn-out-Syndrom. Es besteht jeweils eine scheinbare Abhängigkeit von Ressourcen. Die Beschäftigung mit den Ursachen von Problemen, mit den Ressourcen aller Art kann von den Bedürfnissen der Seele eines Menschen gut ablenken. Somit wird in der gängigen psychologischen Arbeit oftmals versucht, an Ressourcen und Problemen zu arbeiten. Denn ein Mangel an Ressourcen will und kann behoben werden. Auf die Idee, ein Problem entstehe aufgrund von vergessenen unsichtbaren seelischen Bedürfnissen, kommt man nicht, wenn man sich auf die Optimierung von Ressourcen konzentriert. Der Seele wird bei Problemen keinerlei Verantwortung und Schuld zugeschrieben. Es entsteht aber bei Menschen mit Problemen oft der Eindruck, dass ein Mangel irgendeiner Art verantwortlich für Misserfolg sei.

Das heißt beispielsweise, viel Wissen in einem Bereich oder eine tolle berufliche Position bietet gesellschaftliche Stellungen, die Konflikte oft gar nicht erst entstehen lassen. Dennoch kann bei Menschen, die diese Strategie erfolgreich verfolgen, ein Burn-out oder eine Depression auftreten und niemand weiß, warum. Wissen wird angehäuft, berufliche Stellungen werden angestrebt, um einen gesellschaftlichen Wert zu haben. Ziel- oder problemorientiertes Arbeiten nennt das der Psychologe. Sehr viel Geld zu haben, etwa, um damit einkaufen zu gehen, bedeutet, einen gewissen Respekt und eine bestimmte Freundlichkeit einfordern zu können. Man kann es sich schließlich leisten, irgendwo anders einkaufen zu gehen. Abhängigkeiten werden so in geringerem Ausmaß erlebt. Das gibt ein gutes Gefühl und vermittelt den Eindruck, dass eine bestimmte Ressource für Unabhängigkeit verantwortlich ist. Gute Gefühle werden generell als richtig empfunden, negative als falsch. In Form erlebter Defizite gilt ein Mangel an etwas als verantwortlich für eine vorhandene Schwierigkeit. Die Konsequenz des klassischen Mangeldenkens ist also der Versuch, den erlebten Mangel nach Möglichkeit auszugleichen. Allerdings wird ein sogenannter Mangel immer nur an einem Konflikt erlebt. Das Vergessen der seelischen Bedürfnisse lässt innere Konflikte, die tatsächlich vorhanden sind, nicht aufscheinen. Das Erleben von Harmonie stellt in diesem Fall ein trügerisches Erlebnis dar: Ein Erfolg wird in einer erfolgreichen Situation erlebt, die man mit Ressourcen in Verbindung bringt. Die Ursachen für Mangel und Erfolg sind scheinbar jeweils das Vorhandensein oder das Fehlen von Ressourcen und Talent. Ressourcen werden begehrt und immer weniger wird gefragt: Wozu?

## Der Mensch aus psychologischer Sicht

Folgende Abbildung soll einen Menschen mit seinen vorhandenen Ressourcen symbolisieren. Jede einzelne ist erfassbar und in ihrer Stärke und Schwäche messbar:

Sternförmige Darstellung eines Menschen: Fähigkeiten und Leistungen können anhand der sieben beispielhaft erwähnten psychologischen Parameter erfasst werden. Einzelne Leistungsaspekte – Stärken und Schwächen von Geist-Psyche.

41

Was nicht gesondert erhoben werden kann, ist der Kern, das, was in der Mitte liegt. Das, was diesen Kern antreibt, Fähigkeiten zu entwickeln oder zu vergessen. Dieser Kern, die Seele, hängt unmittelbar mit Körper und Psyche zusammen. Die Seele bestimmt, inwieweit vorhandene Talente ausgebildet, verfolgt und entwickelt werden. Eine Arbeit an diesem Zentrum, an der Seele, hat somit einen Einfluss auf alle Aspekte. Eine mögliche Form, an den Bedürfnissen der Seele zu arbeiten, ist eine psychologische Behandlung, Psychotherapie oder eine intensive Freundschaft, Kunst, Liebe etc.

Grafisch dargestellt würde ein Mensch, dessen seelische Bedürfnisse erkannt wurden und der sein Leben danach ausgerichtet hat, folgendermaßen aussehen:

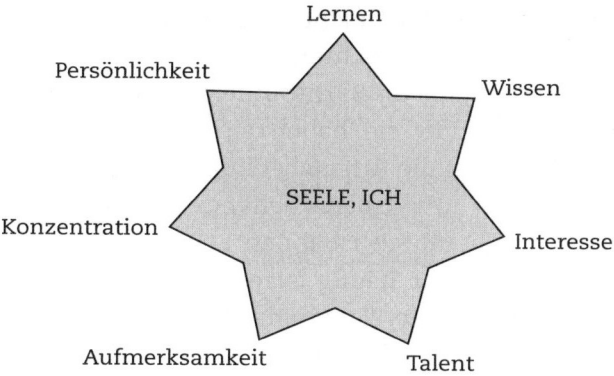

Sternförmige Darstellung eines Menschen, dessen seelische Bedürfnisse erkannt und berücksichtigt sind: Fähigkeiten und Leistungen können anhand der sieben beispielhaft erwähnten psychologischen Parameter erfasst werden. Einzelne Leistungsaspekte – Stärken und Schwächen von Geist-Psyche.

## Wie äußert sich die Seele im Alltag?

Eines der neueren Schlagworte, wenn es um Frühpensionierung und Erkrankung geht, lautet Burn-out. Bei diesem klinischen Zustandsbild bislang ohne eigenständige psychische

Diagnose haben wir es mit Menschen zu tun, die medizinisch und psychologisch nachweisbar (objektiv) schwer krank sind. Depression, Angststörung, Schlafstörungen, kaum Aufmerksamkeitsleistungen, wenig Konzentrationsfähigkeit, kein Interesse, wiederkehrende Gedanken an Arbeit, reduzierte soziale Kontakte, Zittern, Übelkeit, Kopfweh, Erbrechen, Durchfall oder Verstopfung, Herzrasen, Druck auf der Brust, Bluthochdruck etc. – alles objektiv vorhanden! Eine Fortführung der Arbeit bewirkt mit hoher Wahrscheinlichkeit eine weitere Verschlechterung, die zu Herzinfarkt und Schlaganfall führen wird. Über die Ursachen wird viel diskutiert. Fest steht, dass auf unklare Weise ein arbeitender Mensch beginnt, sich wert- und sinnlos zu fühlen. Als eine der häufigsten Ursachen von Burn-out gilt Mobbing. Das heißt, man wird von Kollegen schlecht behandelt, fühlt sich von seinem Chef nicht unterstützt, hat den Eindruck, von Arbeitskollegen ausgerichtet, hintergangen und belogen zu werden. Menschen, die an Burn-out leiden, bereitet die Arbeit an sich große Freude, sie haben also dafür sprichwörtlich „gebrannt". Lediglich die Arbeitsbedingungen und die Art und Weise, wie sie am Arbeitsplatz behandelt wurden, haben sie krank gemacht. Hierdurch ist ihnen auch die Freude am Arbeiten vergangen. Sehr häufig ist es diesen Menschen nicht mehr möglich, sich ihren Platz in der Gesellschaft zu schaffen. Sie können also nicht allein durch einen einfachen Wechsel ihres Arbeitsplatzes wieder gesund werden und normale Leistungen zeigen. In den meisten Fällen benötigen sie außerdem medizinische und psychologische Behandlung. Es geht beim Burn-out nicht nur die Freude am Arbeiten verloren, sondern ein daran leidender Mensch erlebt sich generell als lust- und antriebslos.

Nun kann man sich fragen, was wir bei Menschen, die an Burn-out leiden, in der psychologischen Diagnostik wirklich sehen und messen. Messbar sind objektiv schlechte Leistungen bei hohem Stressniveau. Sichtbar ist ein Mensch, der sich an seinem Arbeitsplatz wertlos fühlt. Die Ursache beziehungsweise das Wesen seiner Existenz am Arbeitsplatz wird nicht geschätzt. Die Anwesenheit dort wird als sinnlos empfunden. Auswege aus der Situation sieht dieser Mensch keine. Objektiv messbar und offenkundig sichtbar ist er ein kranker Mensch, der im Grunde nur gesund reagiert.

Der Kern des Menschen, sein Grundwert, seine Existenzgrundlage, die darin liegt, als wertvoll erachtet zu werden, droht zu verschwinden. So etwas kann man natürlich als Psychologe schwer in ein fachlich orientiertes Gutachten schreiben, weil die Psychologie in dieser Erklärung zwar mittlerweile eine Logik, aber keinen Ausweg und keine Lösung sieht.

Ein weiteres Phänomen bleibt unbeachtet, das den Wert und damit die Seele aufrechterhält: Krankheit hat in unserer Gesellschaft einen Wert. Krank wegen Überlastung, wegen zu viel Mühe und Arbeit, wegen der hohen Anforderungen der Arbeit an den Menschen, das zählt. Das besitzt einen Wert. Das seelische Bedürfnis überwiegt hier und lässt den Körper krank werden.

Im Vergleich zu einem Rückzug aus dem Arbeitsleben mit der Befürchtung, vom Staat leben zu müssen, ist ein Rückzug aus dem Arbeitsleben aufgrund von Krankheit gesellschaftlich wertvoller. Ein Umstand, dem man nicht so rasch entkommen kann.

## Gut und Böse – Gegenspieler seelischer Kräfte?

Der Liebe wollte ich ein eigenes Kapitel widmen, denn sie trägt dazu bei, das Gute im Leben entwickeln und leben zu können. Dem Bösen wollte ich weniger Beachtung schenken, aber es komplett zu ignorieren wäre auch nicht gut. Dem Bösen erliegen wir rascher und böse Taten folgen, oft ohne diese als solche erkannt und verbannt zu haben. Es überfällt einen, ohne zu wissen, wie uns geschieht. Wie die Liebe unterliegt auch das sogenannte Böse unseren Gefühlen. Wie bei der Liebe können wir, wenn es um das Böse geht, angenehme oder unangenehme Gefühle haben. Anders als bei der Liebe fällt die Entscheidung, ob etwas richtig oder falsch ist, aus: Während in der Liebe mehr gelitten wird, mehr Freiheit existiert, weniger Zwang und Muss und keine Schadenfreude existiert, gibt es im Bösen sehr wohl ein klares JA, einen Zwang, Beschuldigung, Verpflichtung sowie Genugtuung und Schadenfreude. Das sogenannte Böse verleiht aber, ebenso wie die Befriedigung seelischer Bedürfnisse, dem Körper und dem Geist viel Energie. Diese enorme Kraft, die noch dazu richtungweisend ist, fühlt sich für Körper und die Psyche gut an. So lange gut, solange man Anforderungen der erwünschten sozialen Gruppe erfüllt. So lange werden Opfer und potenzielle Opfer entwertet und mit Vergnügen geärgert, schlecht gemacht, geopfert. Und das bei vollem Bewusstsein und klarem Verstand. Es mangelt NUR an seelischer Orientierung.

In der Liebe muss nicht immer alles angenehm und toll sein, es kann auch viel Ärger, viel Zorn und viel Mühe mit den geliebten Menschen geben. Persönliche Auseinandersetzungen, Streit, Diskussionen und auch die Ausübung von Macht können dazu dienen, Beziehungen zu festigen und Unheil abzuwenden. Die Arbeit an seelischen Bedürfnissen kann sich sehr wohl anhand sozialer Konflikte darstellen. Das Böse hingegen kennt in dieser Auseinandersetzung keinen Respekt vor dem Individuum. Es kennt keine Grenze, wenn es darum geht, anderen zu schaden; es herrscht Gleichgültigkeit oder sogar Freude, wenn dem anderen, auf den man böse ist, etwas passiert. Zwischen guten und bösen Menschen bestehen keine Unterschiede. Alle fühlen das Gleiche, lernen das Gleiche, tun das Gleiche. Nur dass der Böse einen Schritt zu weit geht und die Individualität des anderen nicht respektiert. Weshalb? Jemand, der etwas Böses tut, der böse ist, glaubt, dass sein Glück von einem anderen Menschen abhängt oder von dessen Geld, Handlung, Demütigung, Erniedrigung, Erpressung etc. Das Böse lebt von sozialen Vergleichen und von Verantwortung, die an andere abgegeben wird. Sobald jemand Schuld hat am Unglück eines anderen, kann das Böse Fuß fassen.

In unserer Gesellschaft wird die Frage der Schuld oder das Ausmaß des Bösen von Gerichten behandelt. Wird Schuld oder das Böse von einer unvorhersehbaren Situation abhängig gemacht, gehen Kläger und Angeklagter frei aus. Wird es von einer Person abhängig gemacht, wird diese Person im Rahmen des Ausmaßes der Schuld (oder an Bösem) bestraft. In der Hoffnung, Strafe bedingt Besserung. So wird versucht, die scheinbar grundlegende Frage zur Klärung der Gefühle, die zu einer bösen Tat führten, zu beantworten. Ziel ist ein angepasstes Verhalten, um keinen Schaden mehr anzurichten.

Die Frage nach der treibenden Kraft, nach den erzielten seelischen Bedürfnissen wird viel zu selten gestellt. Ohne diese Ziele jedoch ist eine grundlegende Einstellungs- und damit Verhaltensänderung nicht zu erwarten. Zumindest nicht ohne schwere Medikation.

# Die Bedeutung
# der Seele erkennen lernen

Wenn ich behaupte, dass es bei der Struktur der Psyche neben dem Unbewussten und Bewussten auch eine Seele gibt, so stellt sich die Frage, wie man für sich selbst erkennen kann, welche Bedürfnisse sie hat. Ich möchte zunächst anhand eigener Erfahrungen beschreiben, wie mein persönlicher Zugang zur Seele aussah.

Meine Eltern gaben mich nicht in eine Pflegeeinrichtung, sondern ließen mich gemeinsam mit meinen nicht behinderten Brüdern aufwachsen. Dem damaligen Zeitgeist entsprechend (meine Eltern vertraten das Gedankengut der 68er-Generation) war ich in der Familie gleich viel wert wie die anderen und wurde auch so behandelt. Ich wurde weder bemitleidet noch besonders bevorzugt. Wir spielten alle auf demselben Spielplatz, wir waren alle gleich schmutzig, jeder von uns durfte die Grenzen seiner Möglichkeiten ausloten und sich auch verletzen. Auch die in meiner Kindheit mich behandelnden Ärzte gaben mir das Gefühl, dass sie mein Leben als sinnvoll und durchaus lebenswert erachteten. Dies ermöglichte es mir, mich als normales Kind zu erleben und mich mit denselben Problemen auseinanderzusetzen wie alle anderen Kinder auch.

Auch ich bin in einer sehr körperorientierten Welt aufgewachsen. Alle Buben und späteren Männer, die ich kannte, hatten im Prinzip ähnliche Probleme wie ich. Ob viele Muskeln oder wenige, ob groß oder klein, ob hässlich oder attraktiv, die Suche nach einer stabilen Beziehung, nach Liebe, Zuneigung und Geborgenheit, nach einem sinnerfüllten Leben war bei mir und all meinen männlichen Bekannten und Freunden relativ gleich. Bei Männern wusste ich also, Probleme auf dem Weg dorthin hingen mit dem Körper kaum zusammen. Wer mutig war, handelte mutig – auch mit hundert Kilogramm. Erfolg oder Misserfolg war vom Körper relativ unabhängig. Bei Frauen hingegen hatte ich eine komplett andere Vorstellung. Ich bemerkte, dass das Aussehen für Frauen sehr wichtig war und meiner damaligen Meinung nach natürlich auch mit deren Erfolg oder Misserfolg bei ihrem Streben nach Glück zusammenhing. Ich hatte bis zu Beginn meines Studiums die Vorstellung, dass eine hübsche, schlanke Frau in meinem Alter keine Probleme haben könnte. Natürlich auch Schwierigkeiten mit Eltern und mit Lernen etc., aber keine damit, das zu finden, wonach sich all meine männlichen Kollegen und ich sehnten – die Liebe und ein erfülltes Leben. Obwohl ich (verglichen mit meinen männlichen Freunden) relativ viele Frauen kannte, so wusste ich dennoch nichts von ihren Problemen. Ich erfuhr bald von den Sorgen um vermeintlich zu dicke Schenkel, um einen schlaffen Bauch, um zu kleine oder zu große Pobacken, mehr wusste ich nicht, und zwar von Frauen, die in meinen Augen sehr schön und körperlich makellos waren. Von anderen Problemen war damals mit 19 Jahren auch kaum die Rede. Das erfolgreiche Streben nach Glück, so schlussfolgerte ich seinerzeit, musste somit bei Männern und bei Frauen vom Gebrauch des Verstandes und davon, wie man sich selbst sah und positionierte, abhängig sein. Ich war froh, dass mein Verstand unbeeinträchtigt war und er es mir ermöglichen würde, einen Platz in der Gesellschaft zu erreichen.

Diese Sichtweise änderte sich erst, als ich nach Abschluss meines Psychologiestudiums ein Jahr in England an einer neurologischen Abteilung arbeitete. Dort wurde mir erst so richtig bewusst, dass die individuellen Merkmale und persönlichen Eigenschaften auch ohne Verstandesleistung oder körperliche Funktionstüchtigkeit vorhanden sind. Beispielhaft sei eine junge Mutter erwähnt, die nach einem schweren Schädel-Hirn-Trauma kaum sprechen konnte, künstlich ernährt werden musste, auf einen E-Rollstuhl und weitere Hilfestellungen dauernd angewiesen war. Diese Frau entschied, dass sie als emotionale Bezugsperson für ihre neunjährige Tochter wichtig war und auch als Erziehungsberechtigte weiterhin infrage kommen wollte. Ich habe sie ein Jahr nach ihrem Entschluss erneut getroffen. Sie teilte mir mit, dass sie mithilfe von persönlicher Assistenz in einer eigenen Wohnung lebe und ihre Tochter bei sich habe.

Die Veränderung meiner Sichtweise hatte zur Folge, dass ich sowohl meinen Körper als auch meinen Verstand lediglich als Hilfsmittel ansah. Ich lernte, Körper und Verstand gleichermaßen zu schätzen und einzusetzen.

## Seele in Verbindung mit gesellschaftlichem Wert

Genau 20 Jahre später schreibe ich nun auf, was ich immer noch überall beobachte: den Versuch vieler Menschen, sich entweder hauptsächlich über den Körper ODER über die Psyche (Intellektualität) zu präsentieren. Im fortgeschrittenen Alter wird der männliche Körper entweder durch ein nettes Auto, ein großes Haus, eine schöne Uhr, eine glatte Rasur und ein metrosexuelles Auftreten oder durch vollkommene Erhabenheit des Geistes über die Natur aufgewertet. Bei den Damen glänzt oft ein Ring, ein Nerz oder ein plastisch-chirurgisch verbesserter Augen-, Nasen- und Brustbereich. Ebenfalls zur Betonung des eigenen Werts und der eigenen Schönheit. Außerdem zeigt man hierdurch, was man seinen Hinterbliebenen weitergibt. Wir haben schließlich Verantwortung für die Nachwelt.

Lohnt es sich, über etwas zu schreiben, das scheinbar ganz normal ist und glücklich macht? Irgendwie muss man doch zeigen, wer und was man ist! Was kann man sonst den Kindern hinterlassen? So kann man stolz auf sich sein.

Die Antwort ist natürlich JEIN. Ja, denn irgendwie muss man tatsächlich zeigen, wie und wer man ist. Stimmt, man muss sich einen Platz im Leben schaffen; man muss etwas (Tätigkeit, Interesse, Hobby) für sich finden, um daran arbeiten zu können. Diesen Platz nimmt man dann ein und daran kann man sich messen. Dieser sogenannte Platz, diese Position im Leben, diese berufliche, wissenschaftliche oder vereinsmäßige Stellung wird bewertet und daran in irreführender Weise oft der eigene Wert gemessen. Dies muss zur Folge haben, auf Mechanismen auszuweichen, die diesen sogenannten Platz aufwerten. Denn ein (natürlicher) Vergleich erfolgt nun anhand der Positionen und Berufe. Der Prozess der Aufwertung ist also eine Verbesserung, die mehr Macht, mehr Geld, mehr Sinn und mehr Glück verspricht. Doch wozu etwas verbessern, das an sich perfekt ist – nämlich das Selbst?

Genügt das alles für ein erfülltes Leben? Ist dieser gesellschaftliche Platz der wahre Lebensinhalt? Nein, denn solange die Frage bleibt: „Wozu das Ganze?", hat die Seele, das Ich keinen Platz gefunden, sich auszubreiten und „dem ganzen Leben" einen Sinn zu verleihen. Es genügt leider nicht, sich nur gut darzustellen und sich davon ein sinnvolles Leben inklusive Glück und Liebe zu erwarten. Es ist notwendig, auch heute darauf hinzuweisen, dass es mehr gibt als Körper und Psyche beziehungsweise Verstand.

Was gab mir die Möglichkeit, so etwas zu erkennen? Mir, da mir doch mit meiner Behinderung und dem Rollstuhl inklusive manchmal unnatürlich aussehender Bewegungen in der Gesellschaft ein Platz zugeteilt würde, der weit unter meinem jetzigen Platz läge. Per Definition ist der Wert aller Menschen gleich. Den Anforderungen von Gesellschaft und Kultur, um ein erfülltes Leben zu erreichen, kann mit einem perfekten Körper scheinbar eher entsprochen werden als mit einem weniger perfekten. Der gesellschaftliche (Nutz-)Wert eines großen, starken männlichen Körpers ist in diesem Kontext höher anzusetzen als der eines kleineren, von Fett überlagerten männlichen Körpers. Mein Körper vermittelt deshalb zunächst einen nicht besonders hohen Wert. Die Chancen, mit einer hundertprozentigen Behinderung als Psychologe einen Platz in der Arbeitswelt zu finden, einen Platz in der Verkehrswelt zu erlangen sowie im gesellschaftlichen Leben mit Problemen „des normalen Wahnsinns" zurechtzukommen, waren zu Beginn sehr gering. Das heißt, für viele undenkbar oder schwer vorstellbar. Hätte ich mich damals auf den Körper als Hauptmerkmal eines Menschen konzentriert, wäre ich gescheitert. Auch eine einseitige Konzentration auf den Geist beziehungsweise die Leistungsfähigkeit und den Verstand als Möglichkeit der Selbstverwirklichung hätte mich nicht dorthin geführt, wo ich jetzt bin. Rein geistige Tätigkeit hätte mir eine körperlose Existenz wie beispielsweise über das Internet verschafft.

In der Psychologie beschäftigt man sich mit den inneren Welten, mit Gefühlen, Werten, Leistungen, IQs, Normen, Verhalten und Krankheitsbildern. Der Einfluss von Gefühlen auf den Selbstwert, auf das subjektive Erleben sowie auf das Verhalten, das alles wurde gelehrt. Sogar die Vorhersage von Verhalten, die Lernfähigkeit und Manipulierbarkeit können und müssen Psychologen in Gutachten belegen. Die Bedeutung des Bildes, das man von sich hat, der Stellenwert von Angst, Zwang, Sucht und Depression stehen im Vordergrund. Die Bedeutung einer Seele jedoch rückt in den Hintergrund. Der Bauplan des Gehirns beinhaltet für uns Psychologen noch keine Seele. Dafür lernt man von Ressourcen. Ressourcen werden benötigt, um etwas zu erreichen und um etwas zu kompensieren. Wir unterscheiden zwischen körperlichen, sozialen und psychischen Ressourcen. Alle drei Arten dienen der Bedürfnisbefriedigung und führen somit zu Wohlbefinden. Somit sind Ressourcen wichtig, um emotional stabil, verhaltensunauffällig und psychisch gesund zu bleiben. Hierdurch ist es möglich, sich einen Platz in der Gesellschaft zu verschaffen.

Das klingt logisch, wenn man die Seele nicht bedenkt. Wenn man sie bedenkt, wird plausibel, dass man sich seinen Wert und gesellschaftlichen Platz nicht erkämpfen oder schaffen muss, dieser wird nämlich gegeben. Man kann anderen Menschen viel Platz einräumen, ihnen mit Respekt begegnen, ihnen alles Geld der Welt vergönnen etc., wenn man sich des eigenen, individuellen Platzes in der Gesellschaft sicher ist. Diese Sicherheit ist von materiellen Gütern, körperlichen Eigenheiten oder intellektuellen Leistungen unabhängig.

Zwei Beispiele sollen zeigen, was ich meine.

Erstens, die Reaktion unserer Gesellschaft auf ein Baby: Trägt man ein Baby in der Hand und geht damit in der Stadt spazieren, so wenden sich viele Männer und Frauen diesem zu, lächeln, schauen es an und zeigen sich höchst erfreut, wenn es zurücklächelt. Was sehen wir da? Wir sehen tief in das Wesen dieses kleinen Menschen. Weder Verstand noch Körper deuten den Stellenwert dieses kleinen Menschen an. Dennoch geben wir ihm einen sehr hohen Stellenwert. Muss geschützt werden, das Kleine, das ist klar. So ganz ohne die Bedeutung des Körpers oder des Verstandes. Ein Baby steht automatisch im Mittelpunkt. Es muss nichts tun, um Aufmerksamkeit zu erlangen. Selbst wenn es schläft, wird es bemerkt. Zwischen dem Kern dieses Menschen, der Seele des kleinen Erdlings, und dem Kern, der Seele eines Erwachsenen gibt es keine unterschiedliche Wertigkeit. Die Seele eines Kindes kann sogar mehr ausstrahlen als die seiner Mutter beispielsweise.

Zweitens: Welchen Platz darf sich in unseren Breitengraden ein Mensch erhoffen, der das Gymnasium nicht abgeschlossen hat und keinen Führerschein besitzt? In einer Position als Chef einer großen Firma täte er sich schwer, kann man denken. Durch Neugierde und Interesse lernt man weiter, bis man schließlich in diesem Interessengebiet anderen überlegen sein kann. Dann wird einem der entsprechende Platz, an dem dieses Wissen eingesetzt werden kann, gegeben beziehungsweise nicht mehr genommen. Felix Wankel hatte so einen Platz. Er war der Erfinder und Konstrukteur zahlreicher Motoren, besaß sogar seine eigene Automarke und saß im Vorstand des eigenen Unternehmens, benötigte aber einen Chauffeur. Er hatte nämlich keinen Führerschein und keinen fertigen Schulabschluss, benutzte aber seinen Verstand. Seiner Seele hat er Platz gemacht, indem er sein Interesse entdecken und ausleben konnte.

Ein Beispiel, das ich heranziehen möchte, um darzustellen, wie die Entwicklung der Seele auch bei anderweitigen Beeinträchtigungen des Körpers die Möglichkeit bietet, sich persönlich, beruflich und gesellschaftlich zu entfalten, ist der Maler Henri de Toulouse-Lautrec (1864–1901). Er litt an einem Gendefekt, der sogenannten Pyknodysostose, die ab dem zehnten Lebensjahr zu einem Stillstand des Wachstums und schlussendlich zu Kleinwüchsigkeit führt. Bei sehr schwacher körperlicher Konstitution waren die Kindheit und Jugend des später weltberühmten impressionistischen Malers von Kur- und Heilaufenthalten geprägt. Der reguläre Schulbesuch musste abgebrochen werden, eine klassische Bildungskarriere war wenig realistisch. Sehr früh zeigten sich jedoch sein bildnerisches Talent und der Wunsch, Maler zu werden. Dies erfuhr vonseiten der Familie große Unterstützung. Toulouse-Lautrec erwies sich zeitlebens als Freigeist – auch und vor allem in seiner Kunst – und lebte als junger Mann ein bewegtes Leben in der Boheme rund um den Pariser Montparnasse. Das Leben in Bereichen jenseits gesellschaftlicher Normen und Erwartungshaltungen spielt in seinen Bildern eine wichtige Rolle, auch sein künstlerischer Stil wurde unter anderem deshalb so erfolgreich, weil der Maler Mut und Notwendigkeit zum Stilbruch als Grundlage für seine Arbeit ansah und seiner Seele freien Lauf ließ, sich zu entfalten.

# Die Verbindung von Seele, Körper und Gefühl/Verstand

Was sowohl in der Psychologie als auch in der Medizin kaum behandelt wurde, war die Verbindung zwischen dem Körper und der Psyche, also auch den Gefühlen. Diese Verbindung ist sichtbar, klar und logisch. Wenn ich an die plastische Chirurgie denke, so zeigt sich diese Verbindung sehr deutlich: Ein großer Busen, eine kleine Nase oder ein markantes Kinn gibt ein gutes Gefühl.

Aber stimmt diese Verbindung überhaupt? Und wenn ja, wie passt dann mein Leben in dieses medizinische und psychologische Denkmuster? Und wie kann ich meine damalige Beobachtung verstehen, bei der alle meine männlichen Kollegen dieselben Schwierigkeiten hatten wie ich? Den naturwissenschaftlich fundierten Verbindungen zwischen Körper und Geist geht etwas ab. Es ist, zumindest in der Psychologie, vieles noch nicht erfassbar beziehungsweise messbar.

Es gibt anscheinend etwas, das nicht völlig abhängig vom Körper, aber auch nicht komplett abhängig vom Geist ist. Es benötigt jedoch sowohl Körper als auch Geist (= hier Psyche), um sich ausbreiten zu können. Eventuell, um sich zu entfalten. In den Wissenschaften der Philosophie und Theologie wird dafür der Begriff Seele verwendet. In der Psychologie könnte man hier den Begriff des Bewusstseins verwenden. Jedoch wird bei Bewusstsein der Körper in den Hintergrund gestellt, weshalb ich auch von Seele sprechen möchte. Es ist ein Teil, der beobachtet werden kann, aber schwierig zu messen ist. Besonders sichtbar ist dieser Teil – Seele –, wenn ein Konflikt zwischen Körper und Geist beziehungsweise Verstand auftritt, wie bei der Magersucht, dem Klassiker der Psychosomatik. Sowohl der Körper als auch der Verstand sind von außen betrachtet voll funktionsfähig. Die Leistungstests, die erfassen, wie intelligent, konzentrations- und merkfähig man ist und wie schlussfolgernd man denken kann, zeigen generell keinerlei Beeinträchtigung. Das Selbstbild ist hier das große Problem. Und wenn das Gefühl der Zufriedenheit mit sich selbst nicht im Kopf entsteht, so wird es über die Kontrolle der Bedürfnisse des Körpers erzwungen. Wenig essen bedeutet viel Kontrolle und das verleiht ein gutes Gefühl. Im Prinzip eine hervorragende Idee des Geistes. Das Problem liegt darin, dass das Ich, das Bewusstsein oder die Seele zwar im Körper wohnt, sich aber nicht hierdurch definieren lässt. Es ist somit ein gescheiterter Versuch, die Frage *Wer und wie bin ich?* mit dem Bild eines schlanken *schönen* Körpers zu beantworten.

*Das heißt, eine wirklich hübsche Frau, die ihren Körper auch schätzt, läuft Gefahr, ihren Wert an ihren Körper zu binden. Der Körper ist natürlich wertvoll, aber der Wert bleibt auch unabhängig von diesem Körper – also auch mit Falten und all den Zeichen, die Frauen weniger mögen.*

Zahlreiche wissenschaftliche Theorien über die Bedeutung und Verwendung von Körpern und einzelnen Teilen bieten die Möglichkeit, sich Wissen hierüber anzueignen. Dieses Buch versucht eine Brücke zu schlagen zwischen wissenschaftlichen Theorien und praktischen Lebenserfahrungen entweder von mir selbst oder von Patienten.

# Gefühle orientieren sich an Werten

Es gibt Sicherheit, wenn man den Werten und Normen einer Gesellschaft entspricht. Man wird bestätigt und kommt gar nicht erst auf die Idee, sich selbst oder diese Werte zu hinterfragen. Ein angenehmes Gefühl wird automatisch als richtig und gut interpretiert, ein schlechtes Gefühl als irgendwie falsch und störend empfunden. Das Reden über Gefühle sowie das Nachgeben gegenüber Bedürfnissen, die ihren Ursprung in der Gefühlswelt haben, gelten in unserer Gesellschaft als Schwäche. Alles in diese Richtung Gehende wird als lächerlich, als Gefühlsduselei, als kritikwürdig etc. angesehen. Zumindest in den Bereichen Arbeitsleben, Wirtschaft, Politik und Öffentlichkeit. Mögliche Ursachen hierfür: Der Umgang mit Gefühlen kann schwerer erlernt werden, weil es keine Anleitung gibt, Gefühle sind oft unsichtbar und müssen deswegen als unabhängig von Handlungen gesehen werden. Hierin liegt die Schwierigkeit. Was ist richtig? Was ist falsch? Was ist gut? Was ist schlecht? Auf diese Fragen gibt es zwar eine einheitliche Antwort: Das ist abhängig von der Situation beziehungsweise von dem Gefühl, das man für das jeweilige Individuum in einer jeweiligen Situation hat. Eine klare Antwort, die das hieraus resultierende Verhalten nicht klar beschreibt. Im Gegenteil! Diese Antwort zeigt, dass einmal (in Abhängigkeit von der Situation) eine Handlung richtig ist und einmal falsch. Was muss man also tun, um jemanden zu fördern? Bei dem einen Kind, das ängstlich und zurückhaltend ist, macht es Sinn, das Kind beispielsweise zum Trampolinspringen oder zu einem Mannschaftssport zu ermutigen; bei einem anderen Kind tut man besser daran, es in Ruhe zu lassen, ihm beispielsweise ein Kaninchen zu schenken. Genaue Beobachtung und Einfühlung in die individuelle Situation des Kindes sollten der Wegweiser sein, und nicht das Trampolin oder das Kaninchen!

Bei Kindern ohne Behinderung bestehen klare pädagogische Richtlinien und Ansätze, die als Orientierungshilfe dienen. Weicht aber jemand von dieser Norm ab, werden interessanterweise andere Richtlinien herangezogen. Ist jemand besonders intelligent und geschickt, gelten Ideen der Hochbegabtenförderung; ist jemand behindert oder verhaltensauffällig, orientiert man sich an Richtlinien der Sonderpädagogik. Bei allen Konzepten steht die Frage des sogenannten richtigen Verhaltens im Vordergrund.

Ideologien und Richtlinien sind notwendig und können viel Unterstützung in schwierigen Situationen bieten. Einer der grundlegenden Unterschiede ist jedoch der Wert, der der jeweiligen Person aufgrund von Richtlinien und Regeln zugeschrieben wird. Alles sogenannte Hochbegabte und Intelligente wird als sinnvoll und gut erachtet, dem viel Respekt, Achtung und Zutrauen entgegengebracht werden. Alles, was mit der Sonderpädagogik oder mit Behinderung in Verbindung steht, wird als abweichendes Verhalten und Defizit negativ bewertet. Dieses bedarf infolgedessen besonderer Beachtung, um bestmöglich „kompensiert" zu werden. Jenen Menschen wird weitaus weniger Vertrauen und Zuversicht hinsichtlich ihrer Fähigkeiten entgegengebracht, als dies bei (im normativen Sinne) besonders schönen oder begabten Menschen der Fall ist.

Genauso wenig wie man objektiv sagen kann, ob Trampolin oder Kaninchen besser für ein gesundes Kind ist, kann man objektiv sagen, welcher Ort, welches Museum oder welche Art von Natur für ein Kind mit besonderen Bedürfnissen geeignet ist.

Ich besuchte ab dem 14./15. Lebensjahr eine Integrationsschule, in die behinderte und nicht behinderte Schüler gingen.

Es gab auch in dieser Schule Wandertage, an denen unterschiedliche Orte besucht wurden. Die Schule war ein Ort, an dem es keine Stiegen zu überwinden galt, und das Herumfahren mit meinem elektrischen Rollstuhl war kein Problem. Am Wandertag jedoch musste ich auf den Rollstuhl verzichten. Ich war innerhalb meiner Klasse gut integriert und so fanden sich rasch ein paar Mitschüler, die mich in meinem Rollstuhl zum Schieben mitgenommen haben. Bergauf, bergab, Stiegen hinauf, Stiegen hinunter, mal schnell, mal langsam, meist harmlos, aber manchmal gefährlich. Nur allzu leicht fällt man aus so einem Rollstuhl und ebenso leicht kann sich derjenige verletzen, der den Rollstuhl schiebt. Ich erreichte dennoch jeden Ort, den auch meine Mitschüler erreichten. Bei unserer Maturareise wurde ich sogar auf einen Vulkan hinauf- und wieder hinuntergetragen. Doch nicht in jeder Klasse liefen Ausflüge und Wandertage so ab. Mitschüler, die ebenfalls behindert waren, wurden oftmals nicht von anderen Mitschülern unterstützt. Die Lösung damals und heute ist klar – es wird ein Erwachsener zur Verfügung gestellt, der das Schieben eines Rollstuhls für diese Schüler übernimmt. Nüchtern betrachtet ist der Sachverhalt ganz klar, dass man Mitschülern nicht diese Art von Verantwortung übertragen kann. Zumindest so lange nicht, solange der Ort im Vordergrund steht und nicht etwa die Integration. Sonst würde man mit der ganzen Klasse – zwar unter Aufsicht, aber ohne Unterstützung von Erwachsenen – zum Beispiel *nur* ins Eisgeschäft neben der Schule gehen, um so allen Schülern die Möglichkeit bieten zu können, sich zu integrieren.

# Die Notwendigkeit,
# auf das eigene ICH zu achten

Welche Auswirkungen auf das Denken können sich ergeben, wenn wir das Ich, das Selbst oder eben die Seele nicht berücksichtigen? Wenn wir also so leben, als gäbe es nur einen reinen Körper und eine reine Psyche beziehungsweise den reinen Verstand? Wir würden in unserem Denken sowohl auf äußere Werte achten, wie eben ein gepflegtes gutes, kräftig-männliches oder weiblich-schlankes Auftreten, als auch auf innere Werte wie Wissen, Höflichkeit und Toleranz. Wenn wir beginnen, besonders auf diese Werte zu achten, so fangen wir gleichzeitig an, das Gegenteil dieser Werte zu verachten und weniger wertzuschätzen. Ungebildetes und ungepflegtes Auftreten mögen wir dann weniger, es gilt als weniger wertvoll. Alles, was wir weniger mögen, schließen wir gern aus unserem Alltagsleben aus. Alles, was ausgeschlossen ist, wird weniger geschätzt, weniger geachtet und weniger verstanden. Wir können dann nicht verstehen, wie jemand dazu kommt, anders zu leben. Der „Marktwert" eines solchen Menschen sinkt.

Unabhängig davon, welche gesellschaftliche Position man innehat, gibt es einen Grundsatz, der auf uns alle zutrifft: Wir sind darauf angewiesen, verstanden zu werden. António R. Damásio und Joachim Bauer etwa weisen plausibel darauf hin, dass wir nicht mit dem Verstand und Gefühl von anderen Menschen erkannt und verstanden werden wollen, sondern auch auf der körperlichen Ebene mit all unseren Zellen. Anhand psychosomatischer Reaktionen können wir dies leicht erkennen. Treffen wir einen geliebten Menschen, so reagiert der Körper positiv durch das Gefühl, sich wohl- und geborgen zu fühlen. Andererseits genügt der Geruch einer Person, die wir absolut nicht ausstehen können, und es kann körperliche Übelkeit entstehen. Das Grundbedürfnis, verstanden zu werden, haben wir nicht bei jedem Menschen. Die Erwartung, verstanden zu werden, haben wir bei Partnern, Eltern und in der Peergroup, der wir angehören wollen.

Wozu ist das wichtig? Nun, menschliche Entwicklung basiert im Idealfall auf Verständnis, Liebe, Zuneigung und Wertschätzung. Ohne diese „Zugaben" kann Entwicklung schwerer stattfinden und Protest oder Aggression entstehen – sowohl bei Kindern als auch bei Erwachsenen.

Wichtig werden der Wert des Menschen und Geld, mit dem er Glück kaufen kann. Je geringer die Chance, einen akzeptablen Platz in der Gesellschaft zu bekommen, desto höher die Gewaltbereitschaft, um einen gesellschaftlich höheren Platz zu erhalten. Wichtig ist das Ergebnis, nicht der Weg, wie man dorthin gelangt. Ob Geld auf ehrliche Weise verdient oder gestohlen wird, ist unwichtig.

Ein Kleinkind kann zunächst nicht verstehen, welchen gesellschaftlichen Wert ein Körper hat, weshalb es ihn hegen und pflegen soll. Es will ihn zum Spielen einsetzen sowie zum Erleben und Erlernen von Fähigkeiten verwenden. Eine Umpolung des Spiels, dieses Erlebens auf einen gesellschaftlichen Nutzen funktionalisiert den Körper, der nun als Mittel zum Zweck dient. Damit verschwinden eine natürliche Neugier, ein Interesse und die Lust, etwas um seiner selbst willen zu tun. Wird der Stellenwert auf geistige Fähigkeiten fixiert, so ist ebenfalls diese Leistung als gesellschaftlicher Wert statt einer freien Entwicklung das Ziel der Erziehung.

Werdende Mütter, die das grundsätzliche Wesen ihrer Kinder – also das Ich, das Selbst beziehungsweise die Seele, die zusätzlich zu Körper und Verstand existiert – nicht berücksichtigen können, werden durch sämtliche Untersuchungen der Pränataldiagnostik verunsichert. Mit ihnen auch die Väter. Sie müssen statistische Werte gegeneinander abwiegen und entscheiden. Ab einer gewissen Wahrscheinlichkeit von Behinderung wird eine zusätzliche Untersuchung empfohlen. Wunderbar, wenn Krankheiten rechtzeitig erkannt und frühzeitig behandelt werden können. Furchtbar, wenn es um die Entscheidung von lebenswertem Leben geht. Da taucht sie zum ersten Mal wirklich auf – die Frage nach dem lebenswerten Leben. Wieso nicht dieselbe Sorge bei gesunden Kindern? Dieselbe Frage kommt bestimmt, nicht aber dieselbe Sorge. Dabei, wenn Kinder kerngesund sind, besteht dann nicht viel eher die Gefahr, dass ein riskantes Verhalten auftritt? Beziehungsweise besteht dann nicht auch viel eher die Gefahr, dass etwas passieren kann? Ein gesunder junger Mann ohne finanzielle Sorgen kommt rascher an ein Motorrad und zu einem Führerschein als ein behinderter junger Mann. Die uneingeschränkte „Tauglichkeit" beim Heer könnte dazu führen, dass vielleicht ein Friedenseinsatz in einem Kriegsgebiet erfolgt …

Wenn jedoch die Gefahr besteht, dass im Mutterleib ein behindertes Kind heranwachsen könnte, gelten andere Gesetze und Überlegungen.

Wie viel Krankheit und Leid sind denn jemandem zumutbar? Wie viel Aufwand einer Mutter eines behinderten Kindes? Wie viel ist denn so ein Mensch wert und wohin können wir ihn in dieser Gesellschaft mitnehmen? Um diese Fragen gut überdenken zu können, wurde den Eltern in solchen Situationen in Österreich mehr Zeit gegeben. Bei dieser schwierigen Entscheidung, ob man sich für oder gegen einen möglicherweise enormen Aufwand einer Krankheit oder Behinderung entscheidet, kann einem niemand sagen, was richtig ist und was falsch. Vielleicht hilft es zu bedenken, dass nicht nur ein Körper oder ein genialer Verstand zur Welt kommt, sondern etwas mehr. Dass mit Behinderung und Krankheit mehr Schmerz und Leid einhergehen können (nicht müssen!), mag sein. Die Frage, ob ein Leben lebenswert ist, kann nicht im Vorhinein beantwortet werden. „Bin ich stark genug, mir das anzutun?", das klingt nach der richtigen Frage. „Noch nicht", ist auch eine Antwort. Die Zeit, darüber nachzudenken, wird wenigstens gewährt. Die Antwort auf solche Fragen bildet dann die Entscheidung für oder gegen eine vorzeitige Beendigung der Schwangerschaft. Der Verstand als Hilfsmittel in einer solchen Entscheidung kann Vorstellungen und logische Erklärungsmodelle liefern und pro und kontra gegeneinander aufwiegen. Die Logik kann den Sinn eines Lebens nur mithilfe von Wertvorstellungen erklären. Eine Behinderung, die als solche ohne großen Wert betrachtet wird, ist durch Logik nicht zu unterstützen. Überhaupt in einer Werte-Gesellschaft, in der entweder Geld, ein wissenschaftlicher Geist oder ein gestählter Körper Glück versprechend ist.

Bei solch einer Entscheidung darf man sich auf seine Seele besinnen und Handlungen müssen nicht durch Logik bewertet werden.

## Der Seele Platz machen – das Selbst wird groß

Wie ist es möglich, all den Anforderungen des Lebens gerecht zu werden und sich hierbei frei beziehungsweise unabhängig von Körper und Geist/Seele zu machen? Wie lässt es sich vereinbaren, Vorbilder und Ideen zu verfolgen, ohne über dieselben Fähigkeiten und Ressourcen zu verfügen? Wie kann ich werden, wer ich sein will?

### Ein Gedanken-Experiment

Die Gegenüberstellung einer Idealfigur und einer behinderten Beispielfigur soll zeigen, wie Ideale und Vorbilder in den Alltag eingebaut werden können, ohne dass ein eigener weniger perfekter Körper abgewertet und damit das gesamte Leben zum Scheitern verurteilt wird. Der Vergleich zweier Gestalten, ohne den Kern, ohne das Wesen eines Menschen beziehungsweise seine Seele zu berücksichtigen:

|  | Idealbild:<br>Beispiel 007 | Realbild:<br>Georg Fraberger |
|---|---|---|
| Größe | 187 cm | 112 cm |
| Gewicht | 83 kg | 39 kg |
| Figur | athletisch, schlank | ohne Arme,<br>ohne Beine |
| Typ | modisch, klassisch | individuell |
| Sport | trainiert – laufen | trainiert – sitzen |
| Mobilität | uneingeschränkt<br>flexibel | im Rollstuhl fixiert |
| Pflegebedürftig | nein, selbstständig | hilfsbedürftig |

Diese Gegenüberstellung zeigt eine große Diskrepanz zwischen Idealbild und behindertem Erscheinungstyp. Körperliche Erscheinungsmerkmale sind gesellschaftlich wichtig und dienen einer ersten Bewertung. In einer Online-Singlebörse beispielsweise, in der Partner unter anderem anhand körperlicher Merkmale eingeteilt werden, ist eine Zuordnung des hier skizzierten Beispielbildes in ein bestimmtes Beuteschema jedoch schwer vorstellbar. Weshalb? Weil in einem weiteren Schritt anhand dieses körperlichen Erscheinungsbildes versucht wird, gesellschaftliche beziehungsweise soziale Merkmale miteinander zu vergleichen.

|  | Idealbild:<br>Beispiel 007 | Realbild:<br>Georg Fraberger |
|---|---|---|
| Studium | mehrere möglich | schwer vorstellbar |
| Arbeit | Workaholic | nicht in<br>Privatwirtschaft |
| Beziehung | mehrere | aus Mitleid? |
| Sexualität | täglich, gern | für Geld? |
| Autofahren | gut und schnell | als Beifahrer |

Aus sozialer und gesellschaftlicher Sicht erneut alles andere als optimale Voraussetzungen, um an ein erfüllendes Leben zu denken. Das Beispiel klingt nach einem Leben voller Schwierigkeiten, Probleme und Hürden.

Wir sind somit deutlich sichtbar Denkmustern ausgesetzt, die stark an körperlichen, materiellen, geistigen und psychischen Merkmalen orientiert sind. Der Blick für das Wesentliche, für das, was allen gemeinsam ist, kann erst entstehen, wenn auch Probleme für Idealbild und Real-Beispielbild als gleich angesehen werden.

Eine Gleichstellung der Probleme würde gedanklich folgendermaßen aussehen:

| | Idealbild:<br>Beispiel 007 | Realbild:<br>Georg Fraberger |
|---|---|---|
| | | |
| Studium | muss lernen | muss lernen |
| Arbeit | aus Interesse, Einkommen | aus Interesse, Einkommen |
| Beziehung | mit geliebter Partnerin | mit geliebter Partnerin |
| Sexualität | immer dann, wenn Partnerin auch will | immer dann, wenn Partnerin auch will |
| Autofahren | wenn fahrtüchtig, Spezialauto | wenn fahrtüchtig, Spezialauto |

Dieses Gedankenexperiment, diese Gegenüberstellung hat nur einen Zweck: Es soll gezeigt werden, dass man dieselben Probleme hat wie das Idealbild. Erkennt man das, kann man erst beginnen, Ziele anzustreben und zu verfolgen. Solange ich glaube, dass ich ein schnelles Auto brauche, um eine Frau treffen zu können, achte ich auf Autos und werde Frauen gar nicht erst ansprechen, solange ich kein Auto habe.

Dieses Bewusstmachen der Tatsache, dass ein sinnerfülltes Leben in jedem Körper mit den jeweils vorhandenen geistigen Fähigkeiten erarbeitet werden muss, macht Vergleiche weniger wichtig. Das Anstreben von körperlichen und materiellen Eigenschaften, die einem zu Glück oder mehr Respekt oder Fähigkeit verhelfen sollen, kann hierdurch vermieden werden. Anhand meiner eigenen Situation habe ich dies mehrmals erlebt, jedoch eine Situation, die erst nach Abschluss des Studiums aufgetreten ist, hat mir gezeigt, wie wichtig und wie alltäglich diese Vergleiche und Zusammenhänge zwischen Aussehen, Wissen, Körper und Verhalten sind. Als ich mein Studium beendet hatte, machte ich mir viele Gedanken darüber, ob und inwieweit meine körperliche Situation mein professionelles Auftreten als Psychologe beeinflussen würde. Wie würde ich akzeptiert werden? Wie ernst würde ich genommen werden? Fragen dieser Art beschäftigten mich. Es dauerte jedoch nicht lange, bis ich bemerkte, dass meine Kollegen und Kolleginnen im Grunde genommen dieselben Hürden überwinden mussten wie ich. Jeder muss sich fragen, weshalb ein Klient oder Patient mit jemandem spricht. Die Kollegin mit langem blonden Haar, mit blauen großen Augen, schlanker Figur, langen Beinen und großen ... *Füßen?* ... wird sich genauso fragen müssen, was ein Klient oder Patient von ihr möchte. Genauso wie ein großer gutaussehender männlicher Kollege oder auch ein kleinerer mit wenig Haaren. Sich zu vergleichen bringt also wenig. Egal, welchen Körper man hat, die Arbeit an sich wird immer dieselbe sein.

# Anforderungen an ein erfülltes Leben

Wenn ich von Anforderungen an Körper und Geist/Psyche spreche, so geht das nicht, ohne auch die Bedeutung von Werten vor Augen zu haben. Der Wert des Menschen und eines damit verbundenen Lebens ist mit Wertvorstellungen, Idealen und Zielen verknüpft. Diese stehen in Verbindung mit Weltanschauungen zeitlicher Epochen.

Seit der Deklaration der WHO 1947 unterliegt der menschliche Körper, die Körperlichkeit einer Wertordnung, die das Ziel der Lebenserfüllung hat. Zuvor lag das Ziel in der Erfüllung anderer Werte, die in Abhängigkeit von der gesellschaftlichen Position standen. Früher gab es keine strenge Unterscheidung zwischen Leib und Seele, und das, was ein Mensch erreichen konnte, und die Pflicht, die er zu erfüllen hatte, hingen großteils von seiner gesellschaftlichen Position ab. Der Adel beispielsweise musste andere Pflichten und andere Tugenden/Werte erreichen als etwa ein gewöhnlicher Landmann.

Mit der Zeit der Aufklärung und der Französischen Revolution kam es langsam zu einer Auflösung einer Gesellschaftsordnung, die – mit all ihren Schattenseiten – den Menschen Orientierung bot. Es war festgelegt, wer welche Aufgaben zu erfüllen und welche Werte/Tugenden zu vertreten hatte. Heutzutage sind wir alle gleich. Damit werden der Platz und der Wert in der Gesellschaft neu bestimmt. Aber nicht festgeschrieben und von Geburt an wie früher, sondern unser Wert wird bestimmt durch das Erreichen gesellschaftlich erstrebenswerter Positionen und Ziele. Der Wert eines Menschen wird jetzt mehr oder weniger bestimmt durch Geld, Wissen und Können. Je mehr davon, desto mehr Macht und Wert. Und das, obwohl wir alle gleich viel wert sind. Dieser gleiche GRUNDWERT, dieses „gleich viel wert sein" betrifft seelische Bedürfnisse, die unabhängig davon sind, wie viel der „Rest" des Menschen gesellschaftlich zählt. Dieser Grundwert und die

Besinnung auf diesen Wert bestimmen, wie mit Körper und Geist umgegangen wird. Wird hierauf vergessen, hat das negative Auswirkungen auf alle anderen Teile, die einen Menschen ausmachen, also Körper und Geist-Psyche.

## Welchen Körper braucht ein Mensch?

Wenn von einem Menschen die Rede ist, gehen wir automatisch davon aus, dass ein Körper vorhanden ist. Kein Teil kann davon als überflüssig bewertet werden. Und was nicht überflüssig ist, hat einen Wert. Kein Teil ist somit wertlos. Trotzdem beginnen wir rasch zu bewerten und einzuteilen, welcher Körperteil unter welchen Bedingungen als wertvoll oder als wertlos und

sogar als beschämend bewertet wird. Nachdem (bei einem „normalen, gesunden Körper") jeder Körperteil gut eingesetzt und verwendet werden kann, entsteht rasch die Vermutung, dass man deswegen auch alles braucht, was ein „normaler und gesunder Körper" hat. Ein Körper, der von dieser Norm abweicht und entweder nicht alles oder etwas zu viel hat, verschafft zunächst Unsicherheit und wirft die Frage des Wertes erneut auf. Wertvoll im Sinne von hilfreich zur Erfüllung des Zwecks – einer glücklichen Lebenserfüllung. Welcher Körper bietet nun am meisten Möglichkeiten, um das Überleben zu sichern, um zu lernen, zu arbeiten, um Geld zu verdienen und um gut zu sein? Gut sein allein ist nicht gut genug, man muss zu etwas gut sein.

Das Streben nach Lebenserfüllung beinhaltet das Erfüllen von Werten. Ein erfülltes Leben gilt somit als wertvoll und erstrebenswert. Das psychologische oder medizinische Bewerten von Handlungen, Körpern, von Liebesakten, Berufsausbildungen, Verbrechen und wissenschaftlichen Erkenntnissen wird bedeutungslos und leer ohne die Berücksichtigung und Kenntnis von Werten.

Werte müssen mitgeteilt werden, sollen sie zur Geltung kommen. Man benötigt einen Objektträger, der einen Wert transportiert. Deutlich sichtbare Objektträger und Wertvermittler sind materielle Dinge wie der menschliche Körper, ein Auto, ein Haus, ein Boot. Auch geistig-psychische Stellungs- und Leistungsmerkmale wie (amtlich abgeschaffte) Adelstitel, akademische Grade oder berufliche Positionstitel (etwa: Herr Direktor …) vermitteln eine Wertigkeit. Der Wert eines Körpers, Gegenstandes, Titels und Grades ist der jeweiligen Weltanschauung unterworfen. Eine Bewertung wird jedoch immer stattfinden, ein wertfreier Gegenstand oder ein wertfreier Körper ist ein Ding der Unmöglichkeit. Ein nicht bewerteter und dadurch wertfreier Gegenstand ist mir nicht bekannt.

## Anforderung des Individuums in Gesellschaft

Ich erinnere mich wieder an Sigmund Freuds Unterteilung der Gedächtnisinhalte in ÜBER-ICH, ICH und ES und an mein Modell, in dem die Seele des Menschen als der Teil definiert wurde, den Freud den „Wächter" nannte. Die Ausbildung des Über-Ich, in dem Werte, Regeln und Normen vorhanden sind, führt dazu, dass sich alle anderen Bereiche – Ich, Es und Seele – daran orientieren. Der Verstand versucht ein Verhalten zu finden, das gleichzeitig eine Anpassung an die Normen und Werte sowie an die Gefühle darstellt. Diese Normen und Werte werden seit Jahrhunderten vorgegeben und unterliegen einer ständigen Erneuerung. Das Infragestellen dieser Werte erfolgt in Europa wissenschaftlich erst seit der Zeit der Aufklärung.

Individuelle seelische Bedürfnisse orientieren sich an allgemeinen menschlichen Werten. Die Berücksichtigung der Seele und das Erkennen ihrer Bedürfnisse können nur erfolgreich funktionieren, wenn man sich der bestehenden Werte bewusst ist. Das sogenannte Streben nach Glück kann also nur dann gelingen, wenn individuelle Bedürfnisse und allgemeingültige Werte erfüllt werden. Bevor seelische Bedürfnisse mit Werten in Verbindung gebracht werden, lohnt sich ein Überblick über bestehende Werte, Wertigkeit allgemein, Wertordnung und den Wertewandel. Dies ist wichtig, da wir unseren grundlegenden Wert verloren haben, der früher von vielen Göttern, anschließend von einem Gott herrührte. Ohne diesen grundlegenden Wert sind wir wertlos, solange wir nicht Dinge tun oder besitzen, die uns wertvoll machen. Ohne Wert gibt es keinen angenehmen Platz in der Gesellschaft.

# Von Werten in der Welt

Jeder Gedanke, jedes Gefühl, das allgemeingültigen Werten nicht entspricht, wird zu verdrängen versucht, um mit den Menschen, mit denen man lebt, nicht in Konflikt zu geraten. Je mehr ein Wunsch oder eine Handlung den gesellschaftlichen Normen widerspricht, desto eher und stärker muss dieser oder diese verdrängt werden – verdrängt in den Bereich des Unbewussten. Das Unterbewusstsein wird als ein Ort beschrieben, in dem sich sogenannte verbotene Wünsche, Triebe und Sehnsüchte verbergen. Das Über-Ich hingegen, in dem Normen und Werte gebildet werden, wird als „rein", als „richtig" und als gut dargestellt und weniger infrage gestellt als der Ort des Unterbewusstseins.

Kritiklos sollen Werte und Normen nicht hingenommen werden, wenn es um seelische Bedürfnisse geht. Was sind eigentlich Werte? Wer vermittelt uns diese? Diese Fragen werden hier erörtert, um seelische Bedürfnisse innerhalb bestehender Wertigkeiten befriedigen zu können.

**WERT:** Der Name Wert taucht in der Philosophie erst in der zweiten Hälfte des 19. Jahrhunderts auf und beinhaltet zwei Ebenen:

a) **Subjektiver Wert:** jene Eigenschaften einer Person oder einer Sache, die von einem Menschen oder einer bestimmten Gruppe von Menschen tatsächlich geschätzt, begehrt, gewollt sind. Mit „Wert" ist hier der Grad der Geschätztheit und sozialen Anerkennung einer Person oder Sache gemeint.

b) **Objektiver Wert:** die Eigenschaften einer Person oder einer Sache, die objektive Gründe für eine gerechtfertigte und in diesem Sinne „richtige" soziale Anerkennung und Wertschätzung liefern. Dieser Wert existiert unabhängig von subjektiven Wertzuschreibungen.

Die klassische, auf der griechischen Philosophie aufbauende Metaphysik des Mittelalters nennt dieses ontologische Zielstreben (Appetibilität) des Seienden seine „Güte" (bonitas) und das Seiende, das diese Güte besitzt, ein „Gut" (bonum).[3]

Werte sind für Max Scheler inhaltsbestimmt und an die Person gebunden, gleichzeitig geht er von einer naturgegebenen Ordnung aus, in der Werte untrennbar an die Person gebunden sind. „Werte sind dem Menschen in Akten des Fühlens a priori und ideal gegeben. Sie existieren nicht in einem an sich seienden ‚Wertehimmel', sondern sind an die Person als Akzentrum gebunden, aber doch als ein ihr wesensnotwendiges emotionales Apriori."[4] Werte stellen sich an Gütern oder Dingen dar, sind aber in ihrer Wertqualität von ihnen unabhängig. Sie lassen sich mit Farben vergleichen, die auch an bestimmten Gegenständen vorkommen, die aber als Farbqualität von ihnen unabhängig sind.[5]

Die unterschiedlichen Definitionen zeigen, dass es unterschiedliche Meinungen über diesen Begriff innerhalb der Philosophie gibt. Zusätzlich dazu ist die Frage, ob Werte a priori existieren oder nicht, das heißt die Frage, ob derzeit geltende Werte auch tatsächlich Geltung haben oder eben nicht, ein besonderer Streitpunkt. Letzterer interessiert uns nur, da sich Werte in unserem Land in Form von Gesetzen widerspiegeln. „Du sollst nicht töten" ist somit nicht nur ein Wert, sondern auch ein Gesetz.

Wieso ist diese Frage wichtig? Weil die Psychologie davon ausgeht, dass eine psychische Erkrankung mit einem inneren Konflikt kommt. Dieser kann darin bestehen, dass das Gefühl etwas verlangt, was per Gesetz, per Norm oder Wert verboten ist. Ändern sich die Werte, so dürfte – in der Theorie des Entstehens psychischer Erkrankungen – kein Konflikt mehr ent-

---

3 Vgl. Herders Konversationslexikon, Band 6 (1961).
4 Franz-Peter Burkard/Franz Wiedmann/Peter Kunzmann/Axel Weiß: Dtv-Atlas zur Philosophie, München 1991, S. 197.
5 Vgl. Dtv-Atlas zur Philosophie.

stehen. Dem ist aber nicht so. Besonders die Erkenntnisse der Biologie und der Zusammenarbeit zwischen Biologie und Psychologie können dies belegen. Joachim Bauer beispielsweise beschreibt in seinem Buch „Prinzip Menschlichkeit", dass wir biologisch darauf ausgelegt sind, zu kooperieren und verstanden zu werden.

Auf der Ebene der Werte will ich das folgendermaßen ausdrücken: Wenn ich jemanden töte, geht es mir schlecht. Egal, ob ich vom Gesetz her töten darf oder nicht.

Bei diesem Beispiel ist der Konflikt klar, jeder kann sich vorstellen, dass er psychisch schwer belastet wäre, wenn er einen anderen Menschen töten müsste.

Andere Beispiele sind weniger klar und müssen wissenschaftlich geklärt werden. Das Schlagen von Kindern zum Beispiel war früher als Züchtigung notwendig und wird heute als schädlich dargestellt. Sigmund Freud wurde für seine Theorie massiv kritisiert. Auch diese Wertung hat sich verändert in einer Zeit, in der die Biologie so weit ist, die Auswirkungen eines Gesprächs auch auf hormoneller Ebene darstellen und nachweisen zu können.

Solange die Wissenschaft nicht auf alle Fragen Antworten hat, sind wir darauf angewiesen, uns an unserer Seele zu orientieren. „Das tut mir in der Seele weh", habe ich als Kind oft gehört. Genau dann, wenn etwas dort wehtut, sollte man aufhören, das zu tun, was man tut, egal, wie die Wissenschaft dazu steht. Die Wissenschaft hat hohe Ziele, die sie anstrebt, aber wenig Mittel, diese Ziele zu erreichen. Im Zusammenhang mit Werten wird im Folgenden dargestellt, dass Normen und Werte sowie die Wissenschaft zunächst von der Religion, anschließend von Fanatismus und heute von der Ökonomie getragen werden.

Ziel ist es, wahre Werte zu erkunden. Im Wandel der Zeit kann erkannt werden, dass ein und derselbe Wert einmal richtig und einmal falsch war. Für die Psyche eines Menschen jedoch ist dieses Richtig oder Falsch unwichtig. Ein Wert hat einen Einfluss auf Körper, Geist und Seele, unabhängig davon, ob er wissenschaftlich nachweisbar ist.

## Was sind Werte genau?

Werte unterliegen den Weltanschauungen zeitlicher Epochen. Somit sind Werte veränder- und beeinflussbar. Das Streben von Menschen wird ebenfalls verwandelt.

Um von einem „Wertewandel" sprechen zu können, muss man neben den zurzeit existierenden Werten (im Folgenden „neue Werte" genannt) auch die sogenannten „alten Werte" kennen(-lernen). Da dieser Begriff „Wert", wie weiter oben erwähnt, relativ neu (jung) ist, verwende ich (nach Rücksprache mit meinem Kollegen Gregor Jöstl und der vorhandenen Literatur) einen Begriff, der jenem des Wertes nahekommt, um die alten Werte nicht nur aus Vorurteilen bestehen zu lassen. Der Begriff Tugend passt am ehesten auf das, was wir heute unter Werten verstehen. Der Vollständigkeit halber muss ich erwähnen, dass es sich mit Tugend jedoch streng genommen um eine subjektive Ausprägung eines Wertes handelt …

## Alte Werte – Tugenden

Bei Thomas von Aquin steht geschrieben: *„Die Tugend ist eine Vollkommenheit des Menschen, die ihn innerlich vervollkommnet und die auch seine äußeren Werke und Betätigungen vollkommen macht."*[6]

---

6   Zit. n. Viktor von Kolb: Abriß der gesamten Tugendlehre nach dem heiligen Kirchenlehrer Thomas von Aquin, Wien/Regensburg 1922, S. 1.

Während Triebe und Gefühle, ohne darüber nachdenken zu können, ins Unterbewusstsein verdrängt werden, kann man bei der Entwicklung des Über-Ich, in dem Werte gespeichert sind, bewusst mitarbeiten. Es handelt sich hierbei sogar um eine Lehre.

Die Lehre von der Tugend zählt „zu den Grundformen, in denen man das sittliche Tun und Sollen des Menschen systematisch zu erfassen sucht."[7] An diesen Tugenden orientierte man sich früher wie heute, an Werten. Was angestrebt werden soll und was nicht, wie man sich verhalten durfte und wie nicht, ob ein Verhalten richtig war oder nicht, wurde vorgegeben. Standesgemäß konnten sich richtiges und falsches Verhalten unterscheiden. Nicht jede Gesellschaftsschicht konnte und musste alle Werte erreichen beziehungsweise verkörpern. Unvorstellbar aus heutiger Sicht, wonach jeder Mensch gleich ist.

Dem Wert nach unterteilt man in natürliche und übernatürliche Tugenden. Die übernatürlichen werden mithilfe der göttlichen Gnade vollbracht und geben Anspruch auf eine ewige Belohnung. Diese Unterteilung ist auch zu verstehen als eine Art Rangordnung, wobei den göttlichen Tugenden mehr „Wert" zugesprochen wird.

a) Die übernatürlichen Tugenden nennt man die **göttlichen Tugenden,** und damit ist
1. die Tugend der Liebe (Nächstenliebe, Barmherzigkeit, Ärgernis),
2. die Tugend der Hoffnung und
3. die Tugend des Glaubens gemeint.

b) Die wichtigsten natürlichen Tugenden nennt man **Sittlichkeits-** oder **Kardinalstugenden.** Diese sind

---

7   Herders Konversationslexikon, Band 6 (1961), S. 395.

1. Tugend der Klugheit,
2. Tugend der Maßhaltung,
3. Tugend der Tapferkeit und
4. Tugend der Gerechtigkeit.[8]

Beispiel eines Inhalts einer Tugend:

**Tugend der Klugheit:** „Es ist die Fertigkeit der Seele", schreibt Thomas von Aquin, „in jeder Lebenslage immer, leicht und beständig das Richtige zu finden und zu beschließen, oder die Fertigkeit der Erkenntniskraft, die in jeder Lage nach der rechten Vernunft vorschreibt, was zu tun und was zu vermeiden ist."[9]

Gesellschaftlich mussten die Kardinalstugenden von jedermann durch Übung angestrebt und erreicht werden. Diese Werte mussten durch Übung erworben werden. Die göttlichen Tugenden sind veranlagt, sie können nicht erworben werden, sondern sie werden durch die heilig machende Gnade Gottes erlangt.[10]

Hierbei wird erneut auf die damalige gesellschaftliche hierarchische Struktur aufmerksam gemacht. Jene Personen, die an der oberen Spitze der Hierarchie anzusiedeln waren, wie zum Beispiel der Kaiser, darunter der Adel ..., standen mehr in der göttlichen Gnade – verfügten somit auch mehr über göttliche Tugenden – als jene, die sich eher an der unteren Seite der Hierarchie befanden, wie etwa ein Bauer.

## „Alte Werte" in neuer Gesellschaftsordnung

Um die alten Werte und deren Auswirkung auf die Einstellungen und Handlungen der Menschheit ganzheitlicher verstehen

---

8  Vgl. Viktor von Kolb.
9  Ebd., S. 78.
10  Siehe Viktor von Kolb.

zu können, müssen wir an die Wertewelt des Mittelalters anhand des damaligen „Menschen- oder Gottesbegriffs" denken.
Dies geschieht auch deswegen, da nicht alle Werte berücksichtigt werden können, und da es aus heutiger Sicht oft sehr
schwierig ist nachzuvollziehen, wie es dazu kommen konnte,
dass manche Werte überhaupt bestehen konnten und bis in die
heutige Zeit hineinwirken.

### Menschenbild zur Zeit des Mittelalters bis zur Aufklärung

Der Mensch galt als Abbild Gottes. Er war von Gott geschaffen,
das Leben war als ein Geschenk Gottes zu betrachten (Hl. Schrift,
Genesis 1,1–29). Er solle sich vermehren und sich die Erde un-
terwerfen. Das war seine Aufgabe und Bestimmung. Eine absolute Wahrheit war von Gott gegeben. Der Mensch konnte
durch sein Tun die Wahrheit erkennen, jedoch nichts daran
verändern. Es existierte eine hierarchische Struktur der Gesellschaft, in der nicht jeder Mensch gleich wertvoll war. Der
subjektive Wert eines Menschen wurde von Kirche und Staat
verliehen. Als Priester führte man ein wertvolles Dasein, als
Bettler waren der Wert und die gesellschaftliche Stellung ge-

Michelangelo, Die Erschaffung Adams

ringer. Die Kirche als Bildungs- und Kulturträger bot Sicherheit in allen Lebensbereichen. Die Werte waren über die Religion gesellschaftlich vorgegeben und nicht infrage zu stellen. Die Aufgaben eines Menschen, die er in Abhängigkeit von seiner gesellschaftlichen Position zu erfüllen hatte, waren klar definiert. Ein von Gott verliehener Wert war jedem Individuum gegeben. Ein Adelsmann hatte den stets gleichbleibenden Wert eines Adeligen, ein Bürger den Wert eines Bürgers, ein Bauer war und blieb ein Bauer. Den eigenen Wert zu ändern, seine Stellung innerhalb der Gesellschaft zu verbessern war nur schwer bis gar nicht möglich, ein Wechsel von einem Stand in einen anderen begrenzt auf den Ausnahmefall.

## Kinder zur Zeit des Mittelalters

Nach alttestamentarischer Weltanschauung war das Kind eine Gottesgabe. Besonders männliche Nachkommen galten als hohes Glück und als ein Beweis göttlichen Segens. Buben wurden höher beziehungsweise besser bewertet als Mädchen. Eltern hatten ein weitgehendes Verfügungsrecht über ein Kind, aber auch die Pflicht, dieses zu betreuen und zu erziehen. Die religiöse Unterweisung wurde dem Vater per Gesetz eingeschärft. Die Notwendigkeit der Erziehung des Kindes gründete in seinem angeborenen Hang zum Bösen. Erziehungsmittel war außer Lehr-, Mahn- und Strafworten vor allem körperliche Züchtigung. Das Kind selbst hatte den Eltern Ehrfurcht und Gehorsam zu erweisen, eine Pflicht, die unmittelbar nach den Pflichten gegenüber Gott genannt und in den Weisheitsbüchern breit entfaltet wurde.[11]

---

11 Vgl. Herders Konversationslexikon, Band 6 (1961).

## GOTT war nicht genug?

Der Wert eines Menschen wurde im Mittelalter an seiner Erfüllung von Pflichten gegenüber Gott, Staat und Familie gemessen. Genauso wie heutzutage auch, gab diese Pflichterfüllung
dem Leben eine Zeit ausfüllende Arbeit, sie resultierte jedoch
nicht zwingend aus einer mit Sinn erfüllten Existenz. Kirch-
liche Erklärungsmodelle über Lebensinhalt, Wahrheit und
Weltraum waren dem Erkenntnisstreben nicht genug. Der
Wertewandel setzte ein. Das geschah zunächst durch neue
Gedanken. Handlungen im Alltagsleben blieben lange Zeit un-
verändert. So schreibt Fjodor M. Dostojewski beispielsweise,
dass die Menschen in die Kirche gehen, ohne zu wissen,
weshalb. Die Gedanken hatten sich bereits von der Kirche und
ihrem Weltbild abgewandt. Ab wann kann man von einem
sogenannten Wertewandel sprechen?

Der eigentliche geistige Umbruch fällt in die Zeit der Aufklärung. Immanuel Kant (1724–1804), einer der bedeutendsten
Vertreter der neuen Geisteshaltungen, beschreibt die Aufklärung als „Ausgang des Menschen aus seiner selbstverschul-
deten Unmündigkeit". Unter Unmündigkeit wird das Unver-
mögen verstanden, sich seines Verstandes ohne die Leitung
eines anderen zu bedienen.[12] Kant forderte die Menschen dazu
auf, den Mut zu haben, sich ihres eigenen Verstandes zu bedienen. Seine Forderung wird in seinem kategorischen Im-
perativ besonders deutlich. Dieser lautet in seiner allgemeinen
Formulierung: „Handle so, dass die Maxime deines Willens je-
derzeit zugleich als Prinzip einer allgemeinen Gesetzgebung
gelten könnte".[13]

---

12  Vgl. Birgit Amon: Jean-Jacques Rousseau. Philosophie und Erziehung im
    „Emile", Wien 1991.
13  Immanuel Kant, Ausgabe der Preußischen Akademie der Wissenschaf-
    ten, Berlin 1900 ff., AA IV, 421.

In dieser Zeit des Umdenkens, in der die Vernunftbegabtheit des Menschen nicht mehr als von Gott gegeben angesehen wurde, in dieser Zeit des Versuchens, sich von religiösen Zwängen zu befreien, lebte auch der für die Pädagogik bedeutende Vertreter Jean-Jacques Rousseau (1712–1778). Sein Zugang zur Pädagogik war folgender: Er zeigte als Gesellschafts- und Kulturkritiker die „üblen" Zustände der damaligen Zeit auf. Damit meinte er, dass die Kultur der Neuzeit das Glück des Menschen zerstört, die Tugend verdrängt, das Herz mit Misstrauen, Kälte und Hass erfüllt und somit seinen Charakter und seine Natur in ihm zerstört habe. Seine Idee, Werte zu vermitteln, erfolgte anhand eines neuen Erziehungskonzepts.

Um ein anderes Gesellschaftsbild entstehen zu lassen, wollte Rousseau mithilfe einer anderen Erziehungsform einen „neuen" Menschen schaffen. Er kritisierte nicht nur die Gesellschaft, sondern zeigte gleichzeitig auch, wie der Mensch, den er sich vorstellte, zu sein hat. Rousseau ging dabei von der Natur des Menschen aus, die – wie er glaubte – durch die Gesellschaft vernichtet wird. Sein Ziel, die „Verbesserung der verdorbenen Gesellschaft", beschreibt er in seinem Hauptwerk „Emile oder über die Erziehung", in dem er sein Erziehungskonzept vorstellt.[14]

Rousseau sah die Wirklichkeit nicht mehr als eine von Gott geschaffene fixe Struktur an, sondern er glaubte, diese werde unmittelbar aus den Daten der eigenen Erfahrung konstruiert (Empirismus löste Rationalismus ab). Er konzentrierte sich auf die menschliche Natur, die er als „Ausgangslage" und „Basis der individuellen menschlichen Entwicklung" oder die „unverlierbare Grundlage" des Menschen überhaupt ansah. Um das Natürliche im Menschen herauszufinden, wendet er sich den Kindern zu, denn er sieht in der kindlichen Entwicklung den Schlüssel zum Verständnis des Menschen. Er war somit auch der Erste, der Kindern Rechte zusprach.

---

14 Vgl. Amon: Jean-Jacques Rousseau.

Rousseau formulierte auch ein Erziehungsziel. Dieses lautet, dass das Ziel jenes der Natur sein muss. Hierbei geht er von einer natürlichen Ordnung aus, in der alle Menschen gleich sind. Die den Menschen gemeinsame Berufung ist es nach Rousseau, **„Mensch zu sein".** Sein Ziel war also, einen Menschen heranzubilden, der in der Gesellschaft menschlich sein kann. Für Rousseau kann es allerdings unmöglich erreicht werden, wenn die gegebenen sozialen Bedingungen unkritisch ertragen werden und die Erziehung diesen Bedingungen gegenüber unkritisch verläuft.[15] Aus heutiger Sicht wirkt dieses Erziehungsziel klar und logisch. Für die damalige Zeit war es jedoch nicht selbstverständlich, die bestehende gesellschaftliche Struktur und Ordnung nicht nur zu hinterfragen, sondern auch Kinder dazu aufzufordern, diese zu kritisieren.

Das „neue" Menschenbild (im 18. Jahrhundert) von Rousseau widerspricht recht deutlich dem seinerzeit vorgegebenen Bild eines Kindes. So wie das damalige Bild des Kindes wurden auch alle anderen Wertvorstellungen und Leitbilder – auch aus einer religiösen Sichtweise heraus – vorgegeben und waren nicht hinterfragbar. Zu berücksichtigen sind hierbei auch die damalige Staatsform sowie die enge Verbindung zwischen Kirche und Staat. Rousseau war also einer der Ersten, der diese neue Sichtweise veröffentlichte und als gegeben postulierte. Im Sinne des Humanismus und der Aufklärung stellte er die vorgegebenen Werte infrage.

Hiermit wird ein deutlicher, öffentlicher Einbruch in das damalige Wertesystem gut sichtbar.

Während Rousseaus Idealbild eines Menschen ein humanistisch denkender, natürlich lebender Mensch ist, „erschafft" Friedrich Nietzsche den sogenannten „Übermenschen". Dieser zeichnet sich aus durch die vollkommene Freiheit gegenüber traditionellen Werten. Sein Handeln richtet sich nach irdischem

---

15  Vgl. Amon: Jean-Jacques Rousseau.

Maßstab: Er strebt nach Stärke, Vitalität und Macht. Das Motiv aller Gedanken und Handlungen sieht Nietzsche im Willen. Dieser hat folgende Ziele: Selbsterhaltung, Steigerung des Lebensgefühls und der Lebensfähigkeit sowie den Gewinn von Stärke und Macht.[16]

## Die Seele als Betroffene der Geschichte

Was hat die Überlegung von geschichtlichen Ereignissen mit der heutigen Seele zu tun? Seelische Bedürfnisse stehen zwischen Normen, Werten und Regeln einerseits und Gefühlen, Neugierde und Trieben andererseits. Ob wir uns für eine Regel, die Norm, einen Wert oder ein Gefühl entscheiden, kann der Verstand (der im ICH verankert ist) wesentlich beeinflussen und steuern. Das logische Denken sowie die freie Assoziation stellen für das Bewusstwerden bei dieser Entscheidung ein wichtiges Instrument dar.

Wieder einmal ist dieser Zwiespalt von Regeln und Werten auf der einen und Gefühlen auf der anderen Seite für mich aus zweierlei Hinsicht von Bedeutung. Der Wertewandel ist nämlich sowohl aus fachlicher als auch aus persönlicher Sicht interessant.

Fachlich: Diese Überlegungen über Werte, Regeln und Normen haben in der Geschichte nicht nur zu Revolution und Krieg geführt, sondern auch zu Konflikten innerhalb der Menschen. Ein Konflikt, den viele Menschen heute täglich erleben: Was kann und darf ich tun, um mich gut zu fühlen und das Richtige zu tun? Diese Frage stellen wir uns nicht nur im Geiste, sondern wir fragen auch unsere Eltern, Großeltern, Freunde, Bekannten und Psychologen, warum welches Verhalten wann gut oder schlecht ist. Der innere Konflikt, der sich zwischen Gefühl und

---

16  Siehe Dtv-Atlas zur Philosophie.

Verstand abspielte, war auch auf der Ebene der Gesetze spürbar. Recht war und ist wichtig. Gerechtigkeit muss davon nicht betroffen sein.

Für eine seelische Entwicklung ist die persönliche Wertschätzung von enormer Bedeutung. Jemand, der den kulturellen Werten widerspricht, riskiert, diese Wertschätzung zu verlieren.

Hiermit kann ich nahtlos auf die persönliche Bedeutung des Wertewandels zu sprechen kommen. Mit einem Körper aufzuwachsen, der nicht der gängigen Norm entspricht, führt nämlich automatisch zu der naiv klingenden Frage: Was ist schlecht daran? Eine Frage, die auch ich mir irgendwann gestellt habe. Schlecht habe ich mich beziehungsweise meinen Körper nicht gefunden, wohl aber unpraktisch und ungeeignet für zahlreiche Berufe. Für mich begann die Welt mit mir und ich lernte, sie und mich zu schätzen und zu lieben. Doch je mehr ich von der Welt sah, desto klarer wurde mir, dass Werte und Normen schon vor mir existierten, und dass nicht alle so wertgeschätzt wurden wie ich. Gesellschaftliche Werte wurden plötzlich wichtig. Und plötzlich wurde ich mit meiner Behinderung in Deutschland behandelt, in einem Contergan-Zentrum, weil man sich dort mit Behinderung besonders gut auskannte.

Allgemeingültige Werte – ob aufgeschrieben oder intuitiv vermittelt – werden von einer Generation zur nächsten weitergegeben. Diese bearbeitet den Wert durch Veränderung oder Be- und Verachtung derselben. Das 20. Jahrhundert war geprägt von zwei Weltkriegen mit einem anschließenden Wertewandel und der Hippiezeit, wodurch nicht nur das Denken, sondern auch das Alltagsleben grundsätzlich verändert worden ist. Die sogenannten inneren Konflikte, die jeder von uns zumindest durch Beobachtung erlebt, sind jedoch nicht geringer geworden. Die Veränderung auf der Ebene der Werte trägt aber meiner Meinung nach dazu bei, mehr auf die Seele achten zu können.

# Wertewelt im Alltag

Seelische Bedürfnisse im Alltag zu berücksichtigen bedeutet immer auch, die eigenen Werte und jene der Gesellschaft zu kennen. Die Werte der Gesellschaft werden als von außen kommend erlebt und als Tatsache angesehen. Diese können sowohl angenehm als auch unangenehm sein, sie dienen jedenfalls der Orientierung. Das heißt: Werte, die per Gesetz und in der Gesellschaft bestehen, gelten als richtig. Bei Bedarf können wir dagegen protestieren. Für ihre Bedürfnisbefriedigung und Entwicklung benötigt die Seele Wertschätzung und Freiheit. Ein grober Verstoß gegen gängige Werte führt zum inneren Konflikt. Wie können wir eine Existenz ohne größere innere Konflikte erreichen? Indem wir Freunde und Bekannte suchen, die ähnliche Werte haben wie wir, und die daran interessiert sind, sich mit Themen zu beschäftigen, die bis an die Grenze von Wertigkeiten gehen.

Die Kunst kann – plakativ dargestellt – als Beispiel fungieren, wie diese Grenzen überschritten werden: Ein junger Künstler (Mann oder Frau) konzentriert sich auf Themen seiner Kunst, zum Beispiel Malen oder Bildhauerei, und gibt hierfür zahlreiche Dinge im Leben auf. Schule und Universität sind relativ unwichtig. Er geht keinem festen Beruf nach, kümmert sich weniger um ein tolles Auto, ein Haus und ein stabiles Familienleben. Er kann zwar alles haben, aber es ist nur relativ wichtig. Die Ideen zu möglichen Projekten, Skulpturen, Bildern, Reisen und Erfahrungen haben Vorrang. Diese Ideen dienen der seelischen Entwicklung.

Dementsprechend reagieren Nachbarn und Personen, die mit diesem beispielhaften Künstler in Kontakt sind. Der soziale Stellenwert unseres Künstlers ist nämlich unsicher. Ideen, Pläne, Sorgen, Lebensziele, Träume und Erlebnisse werden wahrscheinlich mehr mit Freunden besprochen als das Streben nach einer bestimmten beruflichen Position oder die Jahre bis zur Pensionierung oder eine mögliche Gehaltserhöhung. Verstandesmäßig kann man dem Künstler viel Erfolg wünschen und hoffen, dass er eines Tages einen großen Namen tragen wird. Gefühlsmäßig werden sich viele Nicht-Künstler mit diesem Lebensstil nicht identifizieren können, weil sehr viel Unsicherheit in Bezug auf Erfolg, Lebensstandard und soziale Position besteht.

Tritt ein Erfolg ein, so ist der soziale Aufstieg schnell möglich. Projekte werden rascher finanziert, man wird zu öffentlichen Veranstaltungen eingeladen, man wird erkannt und begrüßt und man bekommt bestätigt, dass sich die Mühe und der „steinige Weg" gelohnt haben. Bleibt der Erfolg aus, so reduzieren sich Kontakte, Einladungen und all jene sozialen Ereignisse, die einem bestätigen, dass sich das Streben nach Kunst lohnt.

Dieses Beispiel soll zwei Probleme aufzeigen:

1. Dass sich alle Anforderungen an ein gesellschaftlich erwünschtes Leben automatisch einstellen, wenn der Erfolg (hier als Künstler) eintritt. Tritt dieser Erfolg nicht ein, so ist der gesellschaftliche Stellenwert etwas geringer. Die seelischen Bedürfnisse können aber in beiden Fällen befriedigt werden. Das Bedürfnis der Seele, sich in Form von Kunst auszudrücken, kann in beiden Fällen erfüllt werden. Der erfolgreiche Künstler jedoch wird leichter zurechtkommen, weil er um seinen gesellschaftlichen Platz nicht so kämpfen muss.

2. Das Streben nach Werten lenkt von der Seele ab. Ob man Selbstentfaltungswerten nachläuft oder Pflicht- und Akzeptanzwerten, ist einerlei. Der Druck auf Erfolg nimmt die Freude und die Lust nach dem Streben. Wonach wir streben, wird nebensächlich. Eine Veränderung der Werte hat nur dann eine wirkliche Auswirkung auf die Bedürfnisse der Seele, wenn der Zwang, diese Werte zu erfüllen, entfällt.

In der Wissenschaft geht man mit diesen Problemen anders um. Dem Problem des gesellschaftlichen Werts wird mit Bedürfnissen, unter anderem mit der Maslowschen Bedürfnispyramide, begegnet. Bei dem Streben nach Werten steht vor allem die Bedeutung des Wertewandels im Vordergrund.

Selbstverwirklichung steht an letzter und oberster Stelle. Auf das vorher dargestellte Beispiel mit dem jungen Künstler trifft dieses wissenschaftliche Erklärungsmodell nicht zu. Dieser hätte zuerst auf seine Grundbedürfnisse achten müssen. Rufe ich mir die Lebensläufe zahlreicher Künstler in Erinnerung, so fallen mir mehrere ein, bei denen man von Selbstverwirklichung sprechen kann, ohne Sicherheit und ohne physiologische Bedürfnisse voll gedeckt zu wissen. Als Beispiel möchte ich den Maler Amedeo Modigliani (1884–1920) anführen, der zeitgleich mit Picasso malte, als ebenso hervorragend galt, der sich jedoch weniger erfolgreich in die Gesellschaft integrieren konnte.

Die Maslowsche Bedürfnispyramide

Nach dem Zweiten Weltkrieg trat an die Stelle der wirtschaftlichen Not in den Sechzigern ein sogenanntes „Wirtschaftswunder", dessen Zukunftsperspektive grenzenlos erschien. Die Werte des Maßhaltens und Sparens wurden durch die Aufforderung zum Konsum förmlich verdrängt. Dieser Wertewandel blieb nicht auf den Bereich der Wirtschaft beschränkt, sondern bewirkte auch eine generelle Veränderung der Pflicht- und Ordnungswerte (diese bildeten bisher das Rückgrat des Wertesystems der Nachkriegszeit). Es brachen also mit der Aufforderung des Konsumverhaltens auch alle anderen bis dahin (aufgrund des Wiederaufbaus) unterdrückten Verwirklichungsbedürfnisse heraus und lösten eine Art Kulturrevolution aus. Dieser Wertewandlungsschub stand nun in Verbindung mit gesellschaftspolitischem Aufbruch, Emanzipationsbewegung sowie neuen Denk- und Handlungsweisen.

## Eigene Betrachtung des Wandels der 68er-Jahre

Zahlreiche frühere Episoden des Wertewandels veränderten das Denken der Menschen, das zu Unruhen und Protesten führte. Das Alltagsleben blieb bis zur Nachkriegszeit relativ unberührt. Die Veränderung der 68er-Generation hatte eine Veränderung sämtlicher Gewohnheiten zur Folge. Damals waren in der gesamten westlichen Welt Unruhen zu verzeichnen, die die alten Werte nicht nur infrage stellten, sondern aktiv kritisierten. Besonders der Vietnamkrieg war Auslöser für Demonstrationen, in denen Werte und Wertobjekte wie Macht, Gewalt, Krieg, Militär, Herrschaft ... für wertlos erklärt wurden. Alles, was anders war als früher, schien gut zu sein. Es entstand eine sogenannte „Anti-Atmosphäre". An dieser Stelle muss außerdem an das Menschenbild der heutigen Zeit erinnert werden. Dies ermöglicht den Menschen der Gegenwart einen völlig anderen Zugang, über Dinge nachzudenken, als das beispielsweise im Mittelalter der Fall war.

**Menschenbild heute:** Mit der Evolutionstheorie verliert der Mensch seine Stellung als Krönung der Schöpfung. Der Mensch wird ein Glied im Lebensstrom.[17] Der Mensch als „weiterentwickelter Affe" stammt somit von Letzterem ab. Er stellt durch die Wissenschaften alles infrage. Er glaubt nicht mehr daran, eine von Gott gegebene Wahrheit nur erkennen zu können, sondern er hat erfahren, aktiv in den Lebensprozess eingreifen zu können (zum Beispiel: Aufkommen der „Pille" in den Siebzigerjahren, die sich ständig weiterentwickelnde Gen-Forschung – somit hat sich der Mensch sozusagen von einer „creatura" zu einem „creator" entwickelt). Alle Menschen besitzen die gleichen Grundrechte – eine hierarchische Gesellschaftsstruktur fällt weg.

Während die Wissenschaft bis in die Mitte des 20. Jahrhunderts immer mehr an Bedeutung gewonnen hatte (Röntgenstrahlung 1895, Radioaktivität 1896, Relativitätstheorie 1905 ...) – „Wissenschaft statt Glaube" –, war auch in diesem Bereich in den 68er-Jahren ein deutlicher Umbruch zu verzeichnen.[18] Einerseits erlaubten es die Wissenschaften, zahlreiche theologische Erklärungsansätze als unwahr zu deklarieren (etwa Durchbruch der Diskussion um die „Urknalltheorie" und damit Widerspruch zu biblischen Erklärungsansätzen über die Entstehung der Erde in der Mitte der Sechzigerjahre). Andererseits schien man auch hier die Gefahr einer „Wahrheit

---

17 Vgl. Dtv-Atlas zur Philosophie.
18 Siehe Bertelsmann Lexikothek, Band III: Natur, Wissenschaften und Technik 1993, S. 52.

besitzenden" Institution zu sehen, die Werte, Regeln und Normen vorgeben konnte, und die deswegen abgewertet werden musste.

Untenstehende Abbildung versucht die beiden Wertewelten (alte und neue Werte) in einer Zeichnung zu vereinheitlichen. Dieses Zitat von Augustinus, einem der bedeutendsten Kirchenväter am Übergang von der Spätantike zum Mittelalter und einem Mann, der aktiv an der Schaffung

der sogenannten alten Werte beteiligt war, wurde von mir bereits 1997 in einem Seminar über Wertewandel gemeinsam mit meinem Kollegen Gregor Jöstl „getarnt" als Motto der 1960/70er-Jahre dargestellt. In diesen zeitlich so weit auseinander liegenden Epochen (Augustinus und 1968) scheint beide Male ein großer Umbruch stattgefunden zu haben, der ironischerweise auch jedes Mal dasselbe zu erreichen versuchte.

## Merkmale des Wertewandlungsschubs

Stark vereinfacht kann man sagen, dass es zwischen zwei Wertegruppen zu einer Rangplatz-Verschiebung gekommen ist.[19]

Die Pflicht- und Akzeptanzwerte, die früher hoch bewertet wurden, wurden durchschnittlich gesehen auf einen mittleren Ausprägungsgrad reduziert. Die Selbstentfaltungswerte hingegen wurden durchschnittlich gesehen in einen mittleren Ausprägungsgrad aufgewertet. Das heißt, beide Wertegruppen haben sich so einander genähert, dass man von einer gleichgewichtigen Koexistenz oder Mischlage der Werte sprechen kann.

Wie Werte sich verändern, wird anhand folgender Grafik sichtbar, die den zeitlichen Verlauf von elterlichen Erziehungswerten in der Bundesrepublik Deutschland (BRD) zeigt.

---

19 Im Folgenden siehe Helmut Klages: Wertedynamik. Über die Wandelbarkeit des Selbstverständlichen, Osnabrück 1988.

Wandel der Erziehungswerte 1951–1989
zeitlicher Verlauf von elterlichen Erziehungswerten in der BRD

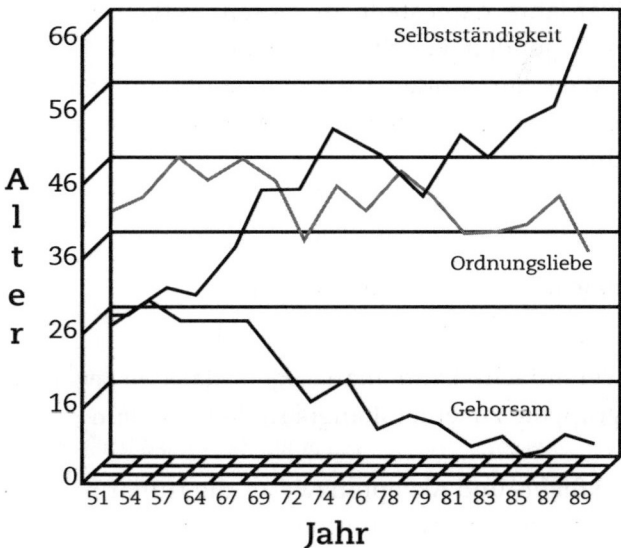

Quelle: EMNID, Items „Selbstständigkeit/freier Wille", „Ordnungsliebe/Fleiß",
„Gehorsam/Unterordnung"

## Kritik einer geschichtlichen/politischen Betrachtung
## von Werten

Betrachten wir den Wertewandel aus einer geschichtlichen
und politischen Perspektive, so fällt auf, dass immer auch das
Menschenbild wesentlich daran beteiligt war, welchen Wert es
anzustreben galt. Das in diesem Buch vorgeschlagene Modell
eines Menschen beinhaltet eine Seele. Diese ist bisher nicht
naturwissenschaftlich nachweisbar. Wie bereits an früheren
Stellen erwähnt, sind wir Menschen zu Taten fähig, die wir
nicht verstehen und nachvollziehen können. Der Ursprung

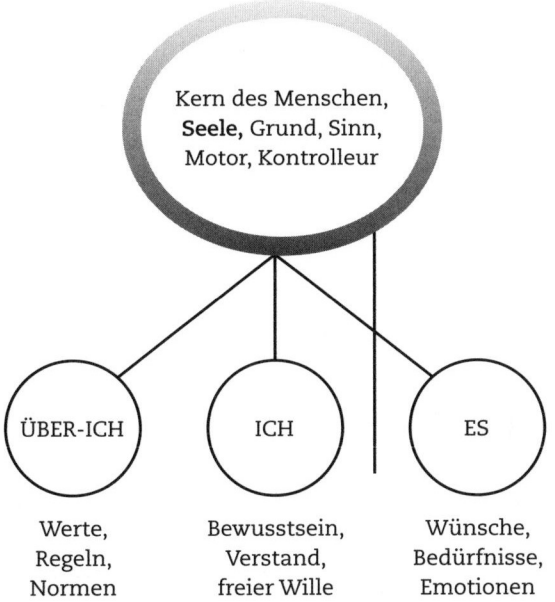

solcher Taten, bei denen wir unsere scheinbaren Grenzen überschreiten, ist durch ein Menschenbild, das eine Seele beinhaltet, erklärbar. Einstellungen und Werte zu ändern und dadurch dem Leben neue Möglichkeiten zu geben kann nur dann erfolgreich sein, wenn das zu erreichende Ziel sinnvoll erscheint. Einen Wert zu vermitteln, bloß um gesellschaftliche Rollen zu erfüllen, ist für die Seele des Menschen nicht notwendigerweise sinnvoll. Die Geschichte und ihre Werte, Gesetze, Normen und Pflichten sind unter Berücksichtigung des Menschenbildes zu betrachten.

## Folgen des Wertewandels

Innerhalb eines gewissen Spielraumes haben wir nun die Wahl, welche Einstellungen und Werte wir anstreben.

Während die Zeit der Aufklärung die damals bestehende Welt- und Wertordnung neu aufstellte, hatte die Anti-Einstellung der 68er-Jahre zur Folge, gegen bestehende Werte an sich zu rebellieren und diese zu hinterfragen. Diese Generation hätte gut daran getan, die Rangordnung von Werten umzustoßen, hat aber Werte an sich infrage gestellt. Die Forderung einer wertfreien Diskussion mag tolerant und politisch korrekt klingen, ist aber mit menschlichen Wesenszügen nicht erfüllbar. Man kann eine Bewertung nämlich nicht abschaffen, lediglich umstrukturieren. Das heißt, dass es unmöglich ist, eine Handlung, eine Person, einen Gegenstand, eine Entdeckung etc. wertfrei zu betrachten. Wertlos geht sehr wohl, aber wertfrei ist nicht möglich. So wie es sich mit der Farbe verhält, auf die man auch nicht verzichten kann. Einen farblosen Gegenstand, farbloses Essen oder ein farbloses Tier beispielsweise gibt es nicht. Stellen wir uns ein Zimmer eines Psychologen oder Psychotherapeuten vor. Wertfrei und farblos? Das geht nicht. Man kann ein Zimmer umstreichen, weiß anstreichen, aber nicht farblich tünchen wird schwierig.

Die Diskussion um Werte muss menschliches Denken und Fühlen mit einbeziehen. Eine Forderung zu stellen, ohne an Menschen zu denken, ist unmöglich. Eine Sachlichkeit oder fachliche Bedeutung kann in den Wissenschaften der Mathematik oder Physik bestehen. Ein sachlicher Wert einer Ideologie und Vorstellung ist undenkbar.

Der Umbruch der 68er-Generation hat bei der Infragestellung von Werten dazu geführt, dass Menschen dadurch selbst begonnen haben, sich in ihrer Bewertung infrage zu stellen. Und da der einstmals von Gott gegebene Wert bereits abhandengekommen war, wurde es möglich, wertlos zu werden. Sich wert- und damit sinnlos zu fühlen – wert- und sinnlos trotz hoher Bildung, trotz Haus, Garten und Auto. Was soll ich tun? Was will ich denn wirklich? Das sind die Fragen, die auf die eigene Wert- und auf die empfundene Sinnlosigkeit deuten.

Die hohe Anzahl an Burn-out-Patienten kann hierdurch erklärt werden.

Dieser Folge muss ein Menschenbild entgegengesetzt werden, das Individualität schätzt und als gut bewertet und das deswegen wieder mehr wird als ein gleichförmiges biomechanisches Konstrukt, das individuelle Werte verkörpert.

Jenes Menschenbild muss neben Körper und Psyche auch den Kern des Menschen, seine Seele berücksichtigen. Das, was den Menschen wirklich antreibt, ihm Energie gibt für das Gute und gleichzeitig das Böse. Dieses Menschenbild muss von Medizin und Psychologie gleichzeitig getragen werden. Gleichzeitig deshalb, da seelische Bedürfnisse alle Zellen eines Körpers sowie alle Gedanken und Gefühle eines Menschen beeinflussen. Die messbaren Grenzen von Körper und Geist können nachweislich verändert werden, wenn ein Grund zu leben nachweisbar ist. Nur dadurch wird das scheinbar Unmögliche möglich. Dieser Grund liegt in den Bedürfnissen der Seele.

Wieso hängt der menschliche Körper so stark mit Werten und mit seelischen Bedürfnissen zusammen? Unabhängig davon, dass immer Klassenkämpfe zwischen unterschiedlichen sozialen Schichten aufgetreten sind, ist stark vereinfacht in der 68er-Revolution Folgendes passiert:

Berufliche Positionen und gesellschaftliche Strukturen, die mit einem wertvollen Leben, mit Respekt und Achtung verbunden waren, wurden, wie oben beschrieben, infrage gestellt. Das heißt beispielsweise, dass Menschen, die früher aufgrund ihrer Position geachtet worden waren, plötzlich nicht mehr geschätzt wurden. Sie wurden auch nicht negativ bewertet, aber sie galten nicht mehr automatisch als gesellschaftlich wertvoll. Ein Priester, ein Anwalt, ein Arzt, ein Bauer – diese beruflichen Positionen stellen nunmehr alle gleich viel oder gleich wenig dar, sind nicht mehr oder weniger wertvoll als jeder andere Mitbürger auch. Das hat zwar den Vorteil, dass in gewisser

Weise alle gleich viel wert sind, jedoch den Nachteil, dass wir inzwischen begonnen haben, uns anhand anderer, primär materialistischer Systeme zu bewerten. Materialistisch ist nicht nur die Menge an Geld, die jemand verdient, oder das Auto, das jemand besitzt, sondern eben auch der Körper, mit dem jemand ausgestattet ist.

Ein schöner Körper kann also seither den gesellschaftlichen Wert enorm steigern. Das war wahrscheinlich das Gegenteil dessen, was die 68er-Generation vertreten hat, aber es wurde damals verabsäumt, ein geeignetes neues Wertesystem zu vermitteln. Der Körper steht seitdem viel stärker im Mittelpunkt und lässt das, worauf es ankommt, vergessen. Der Stellenwert von Schönheitschirurgen nicht nur für die sogenannten „oberen Zehntausend", sondern für jedermann hat enorm zugenommen. Ein bisschen weniger Fett hier, weniger Falten da, größere Brüste und einen rundlich geformten Po, und der Körper kann wieder hergezeigt werden.

Konzentriert man sich darauf, mit einem schönen Körper soziale Wertschätzung zu erlangen, so können seelische Bedürfnisse rasch in Vergessenheit geraten. Klar, denn in diesen *unsichtbaren seelischen* Bedürfnissen liegt zunächst kein Wert. Wir müssen wieder lernen, das, worauf es ankommt, zu erkennen und zu entwickeln: Das seelische Bedürfnis, als der- oder diejenige erkannt und geschätzt zu werden, der oder die man ist – unabhängig davon, ob der Körper groß, klein, stark, schwach, jung oder alt ist.

# Die Seele entwickeln

## Grundlegendes

Wie können wir die Seele erkennen beziehungsweise davon ausgehen, dass es sie gibt, und wie können wir darauf achten? Wenn es eine Seele gibt, so müssen wir davon ausgehen: Sie existiert ein Leben lang, von Geburt an bis zum Tod. Es handelt sich bei der Seele ja nicht um einen Schatz so wie ein heiliger Gral oder etwas tief Religiöses oder Spirituelles, sondern um eine Art Steuergerät, das mit dem Körper und dem Verstand gleichzeitig mitentwickelt werden muss.

Auf die eigene Seele und auf die anderer Menschen achten wir durch Wertschätzung. So einfach das klingt, so schwierig ist es. Anhand des Kapitels über Werte und Wertewandel wurde deutlich: Es kann sehr schnell passieren, dass nicht nur ein Wert, sondern damit verbunden auch eine Person rasch infrage gestellt wird, vom Wert befreit, also wertfrei und dadurch entwertet wird.

### Ab wann soll ich auf die Seele achten?

Vom Beginn des Lebens bis zum Tod – so denkt mein naturwissenschaftlich orientierter Teil in mir. Oder auch darüber hinaus, wie wir dies durch Wertschätzung in Form von Gebeten tun beispielsweise – so denkt der Teil in mir, der für jene betet, die er verloren hat, der nur glauben kann und nichts wissen.

Ich muss wiederholen, dass der Kern des Menschen oder eben das, was ihn ausmacht, seine Seele eben, als treibende

Kraft, als eine Art Motor für Gedanken, Gefühle und Handlungen gesehen werden kann. Der sogenannte freie Wille oder freie Gedanke kann erst entstehen, wenn die Bedürfnisse der Seele ausreichend gedeckt sind. Wenn man sich also in seinem Innersten ausreichend geschätzt und geliebt fühlt. Die Seele nährt den Körper mit Kraft wie ein Dynamo. Eine Woche Qual, Schmerz, Leid oder Folter kann die Seele eines Menschen vollkommen brechen.

## Kindheit

Bei der Erziehung kleiner Kinder orientiert man sich an Normen und Werten von anderen Kindern. Das ist gut so, denn die Entwicklungsschritte müssen beobachtet und unterstützt werden. Oft wird aber ein rascherer Entwicklungsschritt als gut bewertet und ein langsamer als weniger gut. Die Seele oder das Wesen eines Menschen will bewertet, geschätzt und geliebt werden, unabhängig von Entwicklungsschritten und Vergleichen. Eine grundlegende Wertschätzung, das Gefühl, genug zu sein, muss in der Kindheit von außen und ab dem Ende der Pubertät von innen her kommen.

Kinder denken zunächst materialistisch und vergleichen sich. Dies ist ein erster Ansatzpunkt in der Erziehung, um Bedürfnisse der Seele aufzugreifen. Die Entwicklung der Seele kann da beginnen – durch einen Hinweis darauf, wie unwichtig und wichtig Materie ist.

Wenn die Seele eines Kindes leidet, ist das für die Mit- und Umwelt deutlich sichtbar. Ein drei- oder vierjähriges Kind beispielsweise, das unglücklich ist, weil seine Eltern sich scheiden lassen, kommt mit all den Sorgen und seelischen Nöten in den Kindergarten. Es kann sich noch nicht verstellen und für alle, die sehen wollen, ist offenkundig, wie es ihm geht. Noch kann man es halten, mit ihm reden, spielen und sich auf das konzentrieren, was ihm Probleme bereitet. Man kann es schätzen (nicht lieben oder mögen) trotz etwaiger Auffälligkeiten im Verhalten. Und man kann versuchen, zu unterstützen und/oder zu helfen. Die Bedürfnisse der Seele sind noch sichtbarer, man hat als Erwachsener mehr Verständnis für Verhaltensauffälligkeiten, denn das „dahinter liegende Problem", das diese Auffälligkeit verursacht, ist leichter erkennbar.

## Jugend und Erwachsene

In der Schule kann man auf Probleme und dadurch entstandene seelische Not viel weniger eingehen, das Verhalten des Kindes wird bewertet, nicht mehr dessen Ursache. Im Erwachsenenalter interessiert es kaum noch jemanden, welche seelischen Nöte hinter einem Verhalten stehen. Geändert gehört das Verhalten.

Auf die Seele achten lernen muss man nicht, um ein Genie zu werden oder ein Erfinder oder großer Künstler. Den Kern des Menschen muss man beachten, um jedes kleine Alltagsproblem bewältigen zu können. Die Seele betrifft nicht ein spezielles Fachgebiet oder eine Begabung, sondern jeden einzelnen Lebensbereich. Begabung und Talent können den Selbstwert und damit die Seele nur in einem einzigen Lebensbereich unterstützen, zum Beispiel im Beruf. In einer Partnerschaft, die nicht auf Leistungserfüllung, Kreativität und Selbstverwirklichung basiert, gibt es aber auch seelische Bedürfnisse. Nämlich erkannt, geschätzt und geliebt zu werden als der-/diejenige, der/die man ist. Auch dieses Bedürfnis muss befriedigt werden. Wissen, wer man ist und sich dementsprechend verhalten zu können ist jedoch nur möglich, wenn seelische Bedürfnisse erkannt werden und wenn man sich mit deren Verwirklichung/Befriedigung auseinandersetzt. Eine Beziehung, in der man anders gesehen wird, als man ist beziehungsweise als man sich fühlt, wird zur Qual. Zu wissen, wer man ist, wie man ist, wie man zeigt, wer man ist, was man kann, weiß und möchte, ist jedoch ein Entwicklungsprozess.

Man kann mit 20 Jahren sicher nicht gefestigt sein, benötigt jedoch irgendwo die Gewissheit, dass man gut ist, so wie man ist. Das genügt. Wird diese Seele beziehungsweise das, was einen Menschen ausmacht, geschätzt und gefördert, so können sich Gedanken und Gefühle mit den Problemen des Alltags auseinandersetzen. Probleme, die jeder hat in sozialen Beziehungen oder bei der Beschäftigung mit Hobbys, Arbeit, Kunst und Wissenschaft. Erst wenn sich jemand im tiefsten Inneren geschätzt fühlt, können Gedanken und Gefühle freie Entwicklungen durchlaufen. Wird ein Mensch von Grund auf, von seiner Seele her jedoch zu wenig geschätzt, so werden Gedanken, Gefühle und Handlungen zuerst verwendet, um geachtet und geschätzt zu werden. Erst dann kann an andere Probleme gedacht werden. Ich gehe davon aus, dass stets nur eine nicht beachtete oder beleidigte Seele des Menschen ihn zu Taten bringt, die er eigentlich nicht tun will, und die Unverständnis bei den Mitmenschen hervorrufen.

## Alter

Im Alter wird die Seele besonders wichtig, denn für den Körper sind Aktivitäten im Alltag anstrengender. Im Alter braucht man also mehr Motivation und Antrieb, um den veränderten Körper der Gesellschaft auszusetzen. Einer Gesellschaft, die körperliche Schwäche, Falten und Langsamkeit nicht als Werte anerkennt. Besonders deutlich wird diese Aussage erst, wenn man einmal im Krankenhaus arbeitet.

Jeder, der im Spital beruflich mit Patienten zu tun hat, weiß, dass Körper und Geist eines Menschen, wenn er sich erst einmal völlig aufgegeben hat, nicht mehr lange am Leben erhalten bleiben können. Solche Menschen werden nicht depressiv oder anderweitig psychisch krank. Sie verlieren einfach die Kraft, weiter zu leben und sterben dann. Das Leben büßt plötzlich seinen Wert ein und der Körper und Geist damit an Kraft.

Jeder Kritiker wird, ohne zu zögern, sagen: Ist doch nicht neu, dieser Gedanke. Das weiß ich, lieber Kritiker, aber im klinischen Alltag eines Diagnostikers hat diese Seele, dieser Kern des Menschen, der ihn antreibt, noch keine Basis. Der Diagnostiker erfasst immer noch nur die Fähigkeiten eines Menschen, der entweder eine entwickelte oder ignorierte Seele in sich trägt.

## Wie soll ich auf die Seele achten?

Wir brauchen somit Konzepte und Theorien zur Erfassung dessen, was den Menschen antreibt, und wir benötigen Hinweise, wie wir die Seele selbst erkennen und fördern können.

Meine Entwicklung vom Kind zum Jugendlichen und schließlich zu einem erwachsenen Mann und Familienvater sowie meine Erfahrungen als Psychologe lassen mich in aller Kürze drei Möglichkeiten aufzeigen, um seelische Bedürfnisse zu erkennen und im Alltag zu berücksichtigen.

Die erste Möglichkeit, Bedürfnisse der Seele zu erkennen, geht über das Denken. Das logische Schlussfolgern und Fragenstellen, welche Werte anzustreben sind und welche Handlungen sinnvoll erscheinen. Das Denken allein ermöglicht jedoch nicht, auch menschlich zu handeln. Deswegen müssen wir als zweite Möglichkeit auf Signale des Körpers achten lernen. Wie fühlt es sich an, etwas zu tun, das der Seele gut tut? Jetzt strebt der Mensch aber danach, auch neue Dinge zu erleben, verwirklichen und tun zu wollen. Um auch hier auf die Seele nicht zu vergessen, will ich als dritte Möglichkeit die Auswirkung von Gedanken auf Gefühle vorstellen.

## Die Seele erkunden – 1. Denken lernen

Ich denke, also bin ich – doch bin ich, was ich denke? Leider nein! Besonders wenn man im Krankenhaus arbeitet, weiß man, dass die Hoffnung, sich gesund denken zu können, den Behandlungsverlauf beeinflussen kann. Wer sich gesund fühlt, bricht Behandlungen ab, wer sich krank fühlt, will alles mitmachen. Doch auch im Alltag jenseits von Spital und Rehabilitation ist die Frage *Bin ich, was ich denke?* relevant.

Die Diskussion um die Frage nach der eigenen Existenz hat heutzutage dazu geführt, dass wir glauben: Ich bin, was ich denke oder ich bin, was ich fühle. Der Bezug zu Idealen und Vorbildern wird hierbei immer wichtiger.

Wenn ich also denke, dass ich gewissen Werten entspreche, fühle ich mich wertvoll. Die Seele ist darauf angewiesen, als wertvoll erachtet zu werden, damit orientiere ich mich an Werten. Ich bin also bis zu einem gewissen Grad darauf angewiesen, wertvoll zu denken.

Eine Art Grundwert des Menschen, der ohne jegliche Denkfähigkeit und ohne emotionale Ausdrucksmöglichkeit besteht, ist immer mehr umstritten. Der Wert eines Menschen wird anhand seiner Möglichkeit, ein lebenswertes Leben führen zu können, abhängig gemacht. Selbst das Denken an Möglichkeiten gibt den Eindruck, wertvoll zu sein. Diese Werte dürfen wir aber durch logisches Denken infrage stellen. Auch ein Leben, das wir uns nicht vorstellen können, kann lebenswert sein. Die Gedanken allein können den Kern des Menschen beziehungsweise seine Seele allein aufgrund von Werten unterdrücken oder fördern. Fördern, indem Gedanken zugelassen, gedacht und hinterfragt werden. Das Undenkbare muss für die Seele gedacht werden. Die Unterscheidung von Gut und Schlecht soll den Gedanken nicht im Weg stehen. Was richtig und was falsch ist, bestimmt die Menschlichkeit und nicht die Wertigkeit oder Wirtschaftlichkeit.

Ich muss mir also wieder in Erinnerung rufen, dass das Leben und die Menschlichkeit sowie der Sinn des Lebens mit Logik nicht erklärbar sind. Ich muss auf die Philosophie zurückgreifen, in der immer wieder dieselben grundlegenden Fragen gestellt, jedoch naturwissenschaftliche Reaktionen auf Probleme nicht als Antwort gewertet werden. Das Gebiet der Ontologie, der Lehre des Seins, unterscheidet zwischen Gut und Schlecht anders, als wir dies naturwissenschaftlich tun. Es gibt natürlich auch das Ideal. Etwas, das davon abweicht, wird aber nicht als schlecht, sondern als übel bezeichnet. Das Übel wird unterteilt in physisches und moralisches Übel. Diese Unterscheidung ist wichtig, da sie der Bewertung einer Situation dient. Eine körperliche beziehungsweise geistige Behinderung oder Krankheit stellt ein physisches Übel dar. Die Beschreibung „übel" klingt altmodisch und ich will sie nur verwenden, um zu zeigen, dass hier etwas als übel gilt, jedoch trotzdem als wertvoll. Ein physisches Übel also im Vergleich zur Ideal-Situation.

Das moralische Übel freilich muss verhindert oder sogar bestraft werden. Grobe Körperverletzung, Mord, Vergewaltigung, all das bezeichnet man als moralisches Übel. Das gilt als schlecht. Ein zu dicker Bauch bei einer Frau oder Falten und natürlich schlaff erscheinende Brüste stellen kein moralisches Übel dar. Auch wenn Werbespots diese Naturerscheinungen nicht nur als physisches, sondern auch als moralisches Übel verkaufen wollen.

Die Differenzierung zwischen lebenswert und nicht lebenswert darf sich also an der Einteilung der Ontologie orientieren, indem zwischen physischem und moralischem Übel unterschieden wird. Das Wort Übel wird heutzutage im wissenschaftlichen Kontext nicht verwendet, da es sowohl altmodisch klingt als auch eine Bewertung beinhaltet. Ich persönlich denke, dass gerade in der Medizin auch ein philosophisches, das Leben bewertendes Fach in der Lehre vorhanden sein sollte.

Auf diese Überlegungen über das Übel einer Behinderung, über den eigenen Wert, über Gut und Böse und Richtig und Falsch bin ich nicht spontan gekommen. Zuerst war die Erfahrung da. Bereits in meiner Kindheit erzählte meine Mutter von einem Erlebnis mit mir, das sie im Warteraum einer Privatordination eines Orthopäden hatte. Mit meiner Behinderung benötigte ich nur orthopädische Behandlungen, der Rest des Körpers wies keine Mängel beziehungsweise kein physisches Übel auf. Meine Mutter berichtet, dass ich etwa ein Jahr alt war. In dem Warteraum hielt sich auch ein älterer Herr auf, der ebenfalls zum Orthopäden musste und sich um mich erkundigte. Als der Herr von meiner Mutter das Ausmaß meiner Behinderung erfuhr, zeigte er nicht nur Verwunderung, sondern äußerte auch Kritik an meiner Mutter. Er sprach von der Belastung für die Gesellschaft und davon, wie unverantwortlich meine Mutter mit ihrem und meinem Leben handeln würde, mich mit diesem Schicksal auf der Welt zu belassen. Es wäre unverantwortlich, so ein Leben zu erhalten. Meine Mutter begann zu weinen. Mit 21 Jahren war es damals nicht üblich, sich gegen ältere Menschen zur Wehr zu setzen, und außerdem war sie damals selbst sehr unsicher, wie es mit mir weitergehen könne. Das Gespräch war damit beendet. Kurz darauf wurde dieser Herr zur Behandlung aufgerufen.

Keine Minute später, so erzählt meine Mutter, wurde die Türe zum Behandlungsraum wieder geöffnet und der ältere Herr von dem Orthopäden mit den Worten, dass solche Menschen hier nicht behandelt würden, aus der Ordination befördert. Bei meiner Mutter entschuldigte sich der Arzt für die Kritik des älteren Herrn an meiner Existenz.

Betrachtet man diese Erfahrung genauer, wird deutlich, dass der ältere Herr aus einem tatsächlich bestehenden physischen Übel – der Behinderung – ein moralisches Übel gemacht hat. Übel war mit einem Schlag nicht nur mehr die BEHINDERUNG, sondern plötzlich sowohl ICH als auch meine MUTTER, die durch ihren Einsatz für mich der Gesellschaft etwas Übles antut, in den Augen dieses Herrn zumindest. Dieser hat nämlich den Schluss gezogen, dass etwas, was nicht perfekt ist, gleichzeitig für die Gesellschaft schlecht sein müsse. Hinzu kommt, dass der Wert eines Menschen auch auf Basis einer Kosten-Nutzen-Rechnung bestimmt werden kann. Mit einer Behinderung überwiegen zunächst die enormen Behandlungskosten sowie eine geringere Wahrscheinlichkeit eines Nutzwertes im Sinne von Erwerbstätigkeit. Vermutlich hat das der ältere Herr in seiner Jugend so gelernt. Dieses Denken entspricht einer logischen Schlussfolgerung. Jenes Denken inklusive des geringeren Wertes angesichts hoher Kosten unserer Gesellschaft für Behandlung und Ausbildung etc. ist rein vom Verstand her nachvollziehbar und logisch. Der Mensch und sein menschliches Dasein sind aber nicht logisch erklärbar. Noch nicht zumindest. Durch logisches Denken allein kommt man also nur schwer an die Seele und an sinnvolle Tätigkeiten heran.

Für mich und meine Seele war es gut zu erfahren, dass sich jemand für mich einsetzte – für mich mit meiner Behinderung. Die Behinderung an sich fand und finde ich ja auch heute nicht gut, sie trat und tritt aber immer unmittelbar in Verbindung mit mir auf und wird von mir und anderen Menschen wahrgenommen. Alles in allem habe ich aber, wie jeder Nichtbehinderte auch, ein intaktes und positives Selbstbild und Selbstwertgefühl. Beides steht manchmal unverbunden, ja widersprüchlich nebeneinander. Ein Widerspruch, der nur dann zu einem inneren Konflikt mit mir führte, wenn die Welt in ausschließlich Gut und ausschließlich Schlecht unterteilt wäre. Die Unterscheidung zwischen einem Übel und etwas Schlechtem im Sinne von negativ ist für das Denken sehr hilfreich und wichtig. Denn ich bin also verbunden mit einem Übel, aber nicht mit etwas Negativem oder Verwerflichem. Ich habe demnach ein physisches Übel, das zum Glück kein moralisches Übel ist. Gar nicht so übel, wie es im ersten Moment aussieht, kann ich mir da denken.

An den logisch durchdachten Diskussionen im Bereich der Pränataldiagnostik, die sich damit beschäftigt, ab wann ein Leben lebenswert – und erhaltenswert – ist, wird deutlich, wie wenig bekannt die wichtige Unterscheidung zwischen physischem und moralischem Übel ist. Im Bereich der Gerontologie lautet die logische Frage, bis wann ein Leben lebenswert ist; ab wann beispielsweise stellt Euthanasie eine Lösungsmöglichkeit dar?

Die Psychologie beteiligt sich an der schwierigen Diskussion um den Wert des Menschen, indem die Entscheidung für oder gegen ein Leben an die sogenannte Willensfreiheit geknüpft wird. Diese ist jedoch von etwaigen Denkrichtungen abhängig. Wenn ich mich auf Viktor E. Frankl beziehe, kann ich zu dem Schluss gelangen, dass das Leben einen Sinn hat. Diesen Sinn hat es dann in einem erfüllten glücklichen Leben genauso wie in einem weniger erfüllten und leidvollen Leben.

Wenn ich an den Bereich der Psychoonkologie denke, so findet die Willensfreiheit einen Ausdruck in dem Satz „Die letzte Entscheidung ist meine", die in Form der Patientenverfügung ein gewünschtes Ende der medizinischen Behandlung ausdrückt. Damit verbunden ist das Ende sogenannter qualvoller medizinischer lebenserhaltender Maßnahmen.

Will ich diese Diskussion weiterführen, komme ich letzten Endes zu dem logischen Schluss, dass eine unnötige Lebensverlängerung, die ausschließlich mit Leid in Verbindung steht, unsinnig ist. Der richtige Zeitpunkt für ein humanes Beenden der Therapien sowie für ein humanes Beenden einer Schwangerschaft muss gefunden werden.

Dies erscheint logisch und klar. Doch wenn es tatsächlich logisch erscheint, dass die Tötung eines Menschen aus Mitgefühl richtig ist und nur mehr der richtige Zeitpunkt gefunden werden muss (den er heutzutage sogar selbst mitbestimmen soll), dann bin ich dort, wo Europa in den 1930er- und 1940er-Jahren bereits einmal stand. Wenn ich an meinen eigenen Körper denke, dann weiß ich, dass ich sowohl damals als auch heute wenig Chancen gehabt hätte, von einem erfüllten Leben zu sprechen.

Den Satz von René Descartes *cogito ergo sum* habe ich wahrscheinlich nie richtig verstanden. Wenn ich an zahlreiche Patienten denke, die im Koma liegen, die an Schizophrenie leiden, die geistig behindert sind, Schädel-Hirn-Traumata hinter sich haben und/oder eine Lernschwierigkeit aufweisen (learning disability), wird der Satz „Ich denke, also bin ich" ebenso wie „Ich fühle, also bin ich" immer unklarer.


**Die Seele erkunden – 2. Fühlen lernen**

Gar nicht übel, oder doch? Ob Gedanken oder Handlungen auch menschlich gesehen wertvoll und richtig sind, können wir anhand körperlicher Reaktionen und Gefühle erkennen. Diese Gefühle sagen nicht immer sofort, ob etwas richtig oder falsch ist. Ein Gefühl für eine neue Situation, für ein anderes Lebewesen, für eine neue Erkenntnis ... muss erst entwickelt werden.

Doch wie darf, kann oder soll man nun fühlen und denken über so ein physisches Übel, das an sich nicht negativ ist? Man darf alles denken, alles Gute, alles Schlechte. Man darf auch alles fühlen, von Abscheu bis Liebe ist alles erlaubt. So ein physisches Übel ist ja alles andere als angenehm, aber eben nicht negativ – das ist wichtig bei der Bewertung des eigenen Seins oder bei der Bewertung einer Person, die vom sogenannten Ideal abweicht. Wenn wir uns zu einer neuen Situation oder einem physischen Übel viele verschiedene Dinge vorstellen können oder auch gar nichts, dann wissen wir: unvorstellbar. Mehr wissen wir nicht. Unsicherheit wird oft als unangenehm erlebt. Dieses unangenehme Gefühl darf Gedanken dazu bringen, noch einmal eine Situation zu überdenken, und nochmals prüfen, noch einmal dazu jemanden befragen ... Hinterfragen wir etwas nicht, so erfolgt aufgrund des unangenehmen Gefühls eine Abwertung. Das- oder derjenige ist hierdurch wertlos und verboten oder abgeschafft.

Ein Beispiel: Während wir bei einem körperlich und geistig unauffällig aussehenden Kind den Gedanken und Hoffnungen freien Lauf lassen können, ist dies bei jemandem, der behindert auf die Welt kommt, schwerer vorstellbar. Wir fragen und hoffen ja nicht, dass das Kind ein lebenswertes Leben hat, sondern wir fragen und hoffen, ob es stark wird, ob es Arzt, Anwalt, Schneider, Krankenschwester oder -pfleger wird. Bei einem gesunden Kind fragen wir uns, ob es Maler oder Schriftsteller wird und was es malen oder schreiben wird. Bei meiner Behinderung – ohne Arme und ohne Beine – war die Frage eher, ob ich überhaupt einmal lesen, malen oder schreiben kann. Von Schreibhilfen heutiger Art war 1973 wenig vorhanden.

So ein Übel oder eine Behinderung führt dazu, dass sich Eltern andere Fragen stellen als bei Kindern ohne Behinderung. Sie wissen ja nicht, was sie sich erhoffen und welche Leistungen und Eigenschaften sie von ihren Kindern erwarten können. Nicht zu wissen, was man erwarten und was man sich für sein Kind wünschen kann, wirkt sehr belastend.

Bringt man diese Überlegung in Verbindung mit einer in Österreich steigenden Zahl von gesunden Schülern, die nach neun Jahren Pflichtschule nicht wissen, was sie lesen, so kann ich den Schluss ziehen: Diese Fragen und Erwartungen führen nicht zu einem lebenswerten Leben. Was wir von jemandem denken, hat also wenig damit zu tun, was derjenige ist und wird. Ein Gedanke ohne ein dazu passendes Gefühl kann der Seele nicht guttun. Uns Menschen ist das Denken zusätzlich zum Fühlen und Empfinden gegeben. Das heißt, dass wir unter anderem über die Fähigkeit verfügen, über unser Wollen und Tun zu entscheiden und zu reflektieren. Alles, was wir getan haben und tun wollen, können wir hinterfragen. Fragen, ob etwas richtig oder falsch ist, ob es sich angenehm oder unangenehm anfühlt, und fragen, ob es das wert war, getan zu werden. Durch das Denken und Fühlen ist es uns möglich, den Sinn einer Handlung oder einer Sache zu erkunden.

Wieso muss man fühlen lernen, nur weil man eine Behinderung hat? Was hat denn das zu tun mit seelischen Bedürfnissen? Als Elternteil macht man sich auch Gedanken darüber, wie viel Schmutz für Kinder gesund ist und ab welchem Grad an Verdreckung Spiele abgebrochen oder unterbunden werden. Ein Kind ohne Arme und Beine, so wie ich eines war, kann sich natürlich nicht so fortbewegen wie gesunde Kinder. Es wird nicht nur im Sitzen auf dem Boden gespielt, sondern sich auch auf dem Boden sitzend fortbewegt. Dementsprechend weniger sauber und ordentlich war ich. Mein Fuß oft schwarz, meine Hosen mit vielen Löchern, bald nachdem sie gekauft wurden. Das ist natürlich bei fast jedem Kind der Fall. Es nutzte nur wenig, wenn man mir sagte, ich solle aufpassen, nicht schmutzig zu werden, da ich allein durch das Bewegungsmuster jede Hose schmutzig machen musste. Das Gefühl, dass Schmutz nicht sein soll oder nur begrenzt sein darf, war also in meiner Situation sicher neu zu überdenken.


**Die Seele erkunden – 3. Lernen, worauf es ankommt**

António R. Damásio beschreibt schlüssig und eindrucksvoll in seinem Buch „Looking for Spinoza", dass wir Menschen biologisch gesehen von Wissenschaft, vom Prozess der Erkenntnis-Gewinnung profitieren. Das heißt für mich: Es tut dem Körper gut, etwas zu erkennen. Dieser Erkenntnisgewinn tut auch der Seele gut, aber er kann der Entwicklung der Seele selbst im Weg stehen. Wissenschaftliches Denken entwickelt den Geist und die Persönlichkeit, nicht aber automatisch die

Seele. Diese hilft dabei, den richtigen Umgang und Nutzen mit der gewonnenen Erkenntnis zu steuern. Der Schritt vom Denken zum Sein ist kein logischer und hängt nicht unbedingt vom Wissensstand ab.

Das Denken und das Fühlen müssen erlernt und trainiert werden. Der ständige Wertewandel und der andauernde Wissenszuwachs machen es nötig, das Denken und das Fühlen dem neuen Wissen anzupassen. Nicht jede wissenschaftliche Erkenntnis kann als Segen für unsere Gesellschaft gewertet werden. Die Wissenschaft aber ist frei und somit gilt vom Verstand her jede Erkenntnis als wissenswert. Der Nutzen und die Verwendung von Wissen ergeben sich jedoch aus der Bewertung dessen – was ist gut, was ist böse? Das ist die einfachste und primitivste Unterscheidung, ob etwas von Nutzen und Wert ist. Schwieriger wird die Frage nach dem Wert, wenn etwas in diesem Moment unsinnig beziehungsweise wertlos oder unvorstellbar erscheint, aber in Zukunft an Wert gewinnen kann.

Es gibt im Leben eines jeden Entscheidungen, die vom Verstand her unsinnig erscheinen, aber vom Gefühl her als sinnvoll eingestuft werden. Entscheidungen, die in und aus Liebe getroffen werden, zählen zu den bekanntesten Beispielen, die dem Verstand als unlogisch erscheinen.

Ich erinnere an Descartes' *cogito ergo sum* – „Ich denke, also bin ich". Das Sein wird also direkt mit dem Denken verbunden. In meinem Beruf als Psychologe sehe ich aber, dass viele Menschen mehr sind, als sie von sich halten und denken. Einige sind weniger, als sie von sich halten und denken. Das Denken bezieht sich demnach auf das Sein, kann es aber schwer erfassen. Das Denken allein formt und macht noch nicht das Wesen des Menschen aus. Ein genialer Denker muss nicht automatisch ein großartiger Mensch mit einer gereiften Persönlichkeit sein. Umgekehrt genauso. Eine großartige erstaunliche Persönlichkeit muss nicht unbedingt ein guter Denker sein. Manche

Menschen besitzen ein großes Haus und ein großes Auto, eine tolle Uhr, tolle Anzüge etc., aber sie füllen diese nicht aus. In dem Auto wirken sie zu klein oder zu jung oder zu alt, der Anzug passt nicht zur Persönlichkeit etc. Bei solchen Erscheinungen, bei denen ein Unterschied zwischen Sein und Haben auffällt, ist erkennbar, dass Dinge mit Persönlichkeit und Seele zusammenhängen. Ein Kind mit einer Waffe oder einem Schlagring in der Hand beispielsweise, das passt nicht. Aber nicht, weil Kinder keine Gewalt kennen, sondern weil wir sehen, dass jene Art von Gewalt diese Kinder brechen und verrohen würde: nicht den Verstand und auch nicht die Persönlichkeit, sondern ihr innerstes Wesen, das, was sie ausmacht – die Seele. Eine sehr starke, rohe und harte Persönlichkeit kann auch dann entstehen, wenn Bedürfnisse der Seele vollkommen ignoriert werden. Ein erfülltes und lebenswertes Leben allerdings ist dann schwer vorstellbar.

Das, worüber ich nachdenke, ist aber genau jenes, was meine Gedanken und meine Handlungen steuert. Steuert sowohl im Guten als auch im Bösen.

Was meine ich damit genau, wenn ich von seelischen Bedürfnissen spreche, die im Alltag ihre Wirkung zeigen? Ein Beispiel soll zeigen, wie sich Gedanken und Gefühle wiederholen, wenn sich die Seele gekränkt fühlt.

Mit 26 Jahren benutzte ich in Wien täglich den Autobus. Ein großer toller Bus, mit einer Rampe ausgerüstet. Diese musste jedoch der jeweilige Busfahrer ausklappen, wenn ich einsteigen wollte. Dies funktionierte bei Sonnenschein und Tageslicht am besten. Kaum begann es zu regnen, wurde es einigen Busfahrern unangenehm, auszusteigen. So wurde mir gesagt, dass der nächste Bus gleich käme, dass zu viele Leute im Bus wären etc., und ich wurde nicht mitgenommen. Dies ärgerte mich selbstverständlich und ich beschwerte mich. Die Beschwerden und auch die Hilfe von anderen Fahrgästen halfen nichts. Bei Regen und Schnee durfte ich warten. Und ich ärgerte mich natürlich. Irgendwann – nach einem Jahr – wollte ich mich nicht mehr ärgern. „Willst du dich ärgern oder Bus fahren?", habe ich mich gefragt. Es vergingen sicher Monate, bis der Ärger tatsächlich verging. Die Frage jedoch blieb zum Glück. Ärgern oder Bus fahren? Und dann war nur mehr: Bus fahren? Nach einiger Zeit war auch das Fahren mit dem Bus infrage gestellt. Bus fahren oder Auto fahren? Die Antwort war für mich sehr leicht. Zum Autofahren hatte ich zum Glück Talent, sodass es halbwegs realistisch schien, dieses Ziel anzustreben.

Unvorstellbar war dieses Ziel mit 26 Jahren. Denkbar sehr bald, nachdem sich das Nicht-Mitgenommen-Werden als Verstoß gegen mich, gegen meine Seele herausgestellt hatte. Konkret vorstellbar wurde dieses Vorhaben erst, als die Kränkung durch Fragen ersetzt wurde. Das Fragen führte schließlich zur entscheidenden Frage.

## Die Seele in Arbeit und Freizeit

Die Bedürfnisse der Seele begleiten uns täglich und beeinflussen unseren Alltag. Wir sind *leider* biologisch nicht dafür geschaffen, ein vom Verstand her solides regelmäßiges Leben zu führen. Der Seele genügt es nicht, wenn sich der Körper in der Früh ins Büro schleppt, um 17 Uhr nach Hause beeilt, um dann von 17.30 bis 23.30 Uhr vor dem Fernseher zu sitzen. Es ist dann egal, ob dieses Leben in einem Haus mit Auto und Garten, im sozialen Gemeindebau oder über den Dächern einer Großstadt geführt wird – die Seele muss dagegen rebellieren. Und das kann sie nur, indem Gedanken und Gefühle beeinflusst werden. Man muss also täglich prüfen, was man tagsüber für sich und seine eigenen Bedürfnisse getan hat. Wie fühlt es sich an und wie denkt man darüber?

Fühlt man sich nach der Arbeit nicht nur erschöpft, sondern auch müde und absolut lustlos, hat man auf seine ureigensten menschlichen Bedürfnisse, seine Seele also, tagsüber wahrscheinlich vergessen. Passiert dies ein paar Mal, ist das weiter nicht schlimm. Übergeht man dieses Signal jahrelang, kommt ein weiteres. Eventuell sexuelle Unlust, Depression oder Ängstlichkeit kann sich einstellen. Übergeht man auch das, folgen weitere Signale.

Konzentriert man sich auf die Symptome, so wird man die Ursachen immer bei anderen Menschen oder bei einer Arbeitssituation finden. So können Ärger, Hass und aggressives Verhalten aufkommen, um diese Symptome zu bekämpfen. Die Ursache jedoch liegt auf einer anderen Ebene.

Je mehr seelische Bedürfnisse beachtet werden, desto großzügiger und innerlich gütiger kann ich mit Situationen im Arbeits- und Privatleben umgehen. Es genügt das Achten auf seelische Bedürfnisse, es ist nicht das Befriedigen dieser Bedürfnisse vorrangig. Durch die Beachtung der Seele wird automatisch auf Gefühle anders reagiert, als wenn die Seele nicht beachtet wird.

## Wie viel Leid tut der Seele gut?

Ich erinnere noch einmal an die Unterscheidung von Körper, Geist/Psyche und Seele. Körper und Geist können durch Disziplin, Training und Förderung aufgebaut werden. Allerdings trägt die biologische Entwicklung der Zellen dazu bei, dass ab einem gewissen Alter Körper und Geist/Psyche an Kraft verlieren. Anders die Seele. Die Förderung und Entwicklung der Seele erfolgt durch Wertschätzung, Erkennen und Bildung. Nun kann man nicht alles wertschätzen, was Kindern oder Jugendlichen tagsüber so einfällt. Sie brauchen also Grenzen und Zurechtweisung. Durch diese Grenze, durch das NEIN oder „Halt den Mund!" fühlt sich die Seele zurückgewiesen. Je härter das Nein, je härter die Strafe, desto größer die Zurückweisung. Der Verstand und das Gefühl sind dafür zuständig, die Seele wieder zu beruhigen. Ein Kind hat für viele Regeln nicht den nötigen Verstand. Durch die Beachtung des Gefühls durch Zuwendung, Berührung, Liebe kann eine kleine Seele wieder beruhigt werden. Die Seele kann so lernen, dass Leid und Schmerz nicht geringe Wertschätzung und Abneigung bedeuten. Die Seele hält also Schmerz und Leid aus, wenn das Gefühl signalisiert: Du bist ein wertvoller Mensch.

Besonders im Krankenhaus ist es für Eltern wichtig zu wissen, dass Leid und Schmerz dem noch kleinen Seelchen keinen Schaden zufügen. Die Bedeutung eines guten Arzt-Patienten-Verhältnisses hat hierin ihre Wurzeln.

Wie viel Leid eine Seele ertragen kann, ist aus meiner Sicht somit zu beantworten: Je mehr Liebe, desto mehr hält ein Kind aus.

Ab dem jugendlichen Alter benötigt die Seele mehr. Sie nutzt den Verstand und kann, sofern dieser einen Sinn oder einen Nutzen im Leid oder Schmerz sieht, sich damit vor Kränkung schützen. Fragen, die den Geist beschäftigen, dienen der seelischen Entwicklung.

### Krebs – Warum ich? Wissenschaft ohne Seele?

Warum ich? Das ist eine der Hauptfragen, die mit einer schweren Erkrankung oder einem schweren Schicksalsschlag auftreten. Welche Antwort ist denkbar? Und wie fühlt sich eine logische Antwort hierauf an?

Zunächst einen Schritt zurück zu der Frage, wie wir unsere Welt verstehen und erklären. Philosophisch betrachtet sind wir in Europa seit der Aufklärung auf Denkmuster fixiert, die *dem Primat der Rationalität* folgen.[20] Dies hat zur Folge, dass wir uns in einer stark ausgeprägten wissenschaftlich-technischen Kultur zurechtfinden müssen.

---

20  Vgl. Johann Mader: Von Parmenides zu Hegel, Wien 1992.

Wie in jeder Kultur ist auch unsere Rationalität ein Versuch, unsere Existenz zu erklären beziehungsweise zu deuten und hierdurch eine Richtung vorzugeben. Dieser Umbruch vom mystischen zum metaphysischen Denken erfolgte bei den Griechen um 800–700 v. Chr. Hierdurch wurde der Schritt zur Wissenschaft getan. Mythen versprachen zu wenig Sicherheit, rationales Denken verhieß eine logisch aufgestellte Weltorientierung. Auch die Idee einer Freiheit der Wissenschaft stammt von den Griechen. In der Aufklärung gelangte man in dieser Tradition zu einem mechanisch-technischen Verständnis von Mensch und Natur und schließlich zur Beherrschung derselben. Die Wissenschaft diente zur Ermöglichung einer humaneren, einer verbesserten Lebensführung, in der die Interessen des Einzelnen Berücksichtigung finden konnten. Wissenschaft wird seitdem mit Erfahrung und Messbarkeit verbunden. Diese Erfahrungs-Wissenschaft hat aber kein beziehungsweise ein eingeschränktes Verständnis von Natur und Mensch mit sich gebracht. Wissenschaft liefert kein Sinnverständnis.[21]

Eine durch Menschen verursachte (Natur-)Katastrophe (beispielsweise Radioaktivität nach Unfall in einem Atomreaktor) lässt die Beherrschbarkeit der Natur vielleicht als ein Problem aufscheinen, eine Verständnis- oder gar Sinnfrage tritt dadurch nicht unbedingt und zwangsläufig auf. Zumindest nicht in den Medien und auch nicht in den Gesprächen, die der Autor als Psychologe mit Patienten und Klienten darüber führt.

Anders bei Unglücken in der Medizin. Gleiche wissenschaftliche Kriterien und Denkmuster sind Voraussetzung. Zusammenarbeit zwischen Technikern (der Technischen Universität beispielsweise) und Medizinern (einschließlich Psychologen) ist an der Tagesordnung. Die Erfahrungswissenschaft hat auch in der Medizin uneingeschränkte Gültigkeit. Im Unterschied zu

---

21 Ebd.

Naturkatastrophen fragen Ärzte und Patienten sehr wohl nach Verständnis und nach einem Sinn. Mit Logik kann dieser Sinn im Leben jedoch nicht hinreichend erklärt werden. Ob und inwieweit ein Leben als lebenswert und damit als sinnvoll eingestuft wird, lässt sich behelfsmäßig anhand von klinisch-psychologischen Kennzahlen wie Lebensqualität, Persönlichkeitsstruktur, psychosozialen Faktoren und weiteren Parametern einschätzen und beurteilen. Anhand dieser wird versucht zu interpretieren, ob eine Behandlungsmethode ein lebenswertes Leben ermöglicht. Der Vergleich mit der Normalbevölkerung ist von entscheidender Bedeutung.

Die Contergan-Katastrophe oder die heutzutage stattfindende Diskussion um genetische Veränderbarkeiten sowie Situationen im Feld der Pränataldiagnostik werfen auch Fragen nach der Sinnhaftigkeit unserer Erfahrungswissenschaft auf.

Diese Denkweise führte und führt dazu, dass der Wert eines Lebens nicht anhand eines tieferen Sinnes oder von Menschlichkeit bemessen wird, sondern in Form von Zahlen und Leistungen. Ob ein Leben auch lebenswert ist, wird mithilfe des Verstandes beurteilt. Geistige Abwehr- und Abwertungsmechanismen bewirken, dass gegenüber dieser Logik positive Emotionen entstehen. Somit ist erklärbar, dass mit klarem Verstand und dem Gefühl, das Richtige zu tun, ein Leben als nicht lebenswert angesehen und ausgelöscht werden kann.

Die Gefahren einer wissenschaftlich-technischen Weltanschauung sind längst bekannt, viel diskutiert und finden ihren Höhepunkt im Sozialdarwinismus, der menschliches Leben einer Bewertung aussetzt. Nachdem ich von der Seele schreibe und nicht von Darwin und seiner als bekannt vorauszusetzenden Theorie, des „Survival of the fittest", möchte ich folgende Überlegungen anstellen:

*Ist mein Helfen als Mediziner wertvoll, hilfreich, gut? Diese Frage kann ein Arzt, der Schmerzen lindert und Leben rettet, mit Sicherheit bejahen.*

116

*Führe ich somit ein sinnvolles Leben? Auch diese Frage kann man aus der Sicht des Autors für den Arzt bejahen.* Selbst ein schmerzbefreiter oder ein schwer kranker oder behinderter Patient wird dem zustimmen. Leben zu retten und Leiden zu lindern wird als sinnvoll und erstrebenswert bewertet – damit als wertvoll.

Dem Arzt gegenüber steht eine Armee von Patienten, deren Situation als wenig erstrebenswert, schadhaft (technisch ausgedrückt), wenig hilfreich und ungut im Sinne von unangenehm bewertet wird. Als sinnvoll wird eine Krankheit und Behinderung noch viel weniger erlebt.

Diese kurze Gegenüberstellung soll die Einschränkung von erfahrungswissenschaftlichen Denkmustern zeigen. Entweder jedes Leben ist sinnvoll oder keines. Es ist nicht logisch, dass ein sinn-/wertvoller Mensch einem sinn-/wertlosen hilft. Und wenn von einer Unterscheidung dieser Art abgesehen wird, so kann in diesem Beispiel gedacht werden, dass ein Mensch einem anderen hilft. Beide können krank sein, beide können Probleme haben, beide sind gleich wertvoll. Nur wenn Bedürfnisse der Seele ignoriert wurden, das Streben des inneren Kerns abgestellt wird, fühlt man sich mit Krankheit oder Behinderung wertlos.

Es wirkt sinnlos und beinahe unverschämt, nach dem Sinn einer Krankheit zu fragen. Dennoch taucht diese Frage sehr häufig auf. Ein erfahrungswissenschaftliches Denken kann diese Frage nicht beantworten. Greift man auf die Mythologie zurück, findet man vielleicht keine passende Erklärung, aber zumindest die Gewissheit, dass auch eine Krankheit ihren Grund hat. In der griechischen Philosophie ging man von einem geordneten, harmonischen Kosmos aus, der von Göttern beherrscht wird. Alles hatte einen Grund (arche). Auch Einstellungen, Haltungen und Gefühle wurden uns damals von Göttern gegeben (hineingeworfen).

Die eingangs gestellte Antwort auf die Frage *Warum ich?* ist mit Logik nicht zu beantworten. Die Gewissheit aus der Mythologie, die postuliert, dass die eigene Existenz einen Grund zur Existenz hat, genügt der Psyche, um nicht am Schicksal zu verzweifeln. Eine scheinbar sinnlose Existenz macht ein zukünftiges Weiterdenken unnötig. Die Seele, der Kern des Menschen, benötigt die Bestätigung seines Wertes. Selbst wenn der Verstand keine klare Antwort geben kann, vom Gefühl kann hierdurch die Gewissheit entstehen, dass man es wert ist, seine Schicksalsschläge meistern zu müssen.

Das Suchen einer Antwort in der Mythologie/Esoterik kann für den reinen Verstand so abstrus erscheinen, dass es unter Umständen besser ist, den tieferen Sinn nicht zu erahnen oder zu konstruieren. Sucht man im Falle einer Contergan-Behinderung beispielsweise eine Antwort auf die Frage des WARUM, so kommt man mithilfe des Verstandes auch darauf, eine Antwort zu konstruieren. Man verbindet den Ort, an dem zahlreiche Opfer geboren wurden, mit den Denkweisen dieses Ortes, die noch zwölf Jahre zuvor gelebt wurden, und hat eine Antwort konstruiert: Deutschland war besonders häufig betroffen. Demnach könnte dann eine mögliche Erklärung so aussehen, dass das durch die NS-Zeit geprägte Deutschland durch die Contergan-Katastrophe wieder zur Menschlichkeit geführt wurde. Bewertungen von Vergangenheit und Gegenwart führen zu Polarisierung und ermöglichen keine Diskussion mehr über zukünftige Möglichkeiten, Probleme zu bewältigen. Streitigkeiten über Werte, Tugenden, Einstellungen und Haltungen sind das Resultat.

Eine Veränderung des rein mechanisch-technischen Verständnisses von Natur und Mensch ist auch im klinischen Alltag bemerkbar. Der Mensch rückt langsam in den Vordergrund. Seit den 1960er-Jahren steht zunehmend die Befragung des Patienten (dessen Sichtweise und Bewertung von Behandlungsergebnissen) und weniger die Fremdbefragung von Angehörigen und Ärzten im Vordergrund.[22] Seit den 1970er-Jahren

---

22  Vgl. E. Marquardt/K. Popplow/A. Hillig: Psychologische Probleme in Verbindung mit Amputationen. Rehabilitation 15 (1976), S. 174–181.

werden psychische Aspekte mehr und mehr im medizinischen
Alltagsleben berücksichtigt. Es entstand sowohl ein Bewusst-
sein dafür, dass der Erfolg einer Behandlung am besten von
Patienten eingeschätzt werden konnte, als auch dafür, dass
nicht jeder medizinische Fortschritt ohne Einbeziehung von
Patienten erfolgen konnte.

Doch Ergebnisse psychologischer Tests waren oft irrefüh-
rend. Die Darstellung von Persönlichkeitstypen nach Beinamputation war beispielsweise überraschend unauffällig. Das
heißt, die Beobachtung oder besser Annahme von Ärzten,
dass eine Beinamputation zwangsläufig eine einschneidende
Lebensveränderung bedinge, wurde von Psychologen mit Per-
sönlichkeitstests bei Patienten nicht bestätigt.

So hat man begonnen, Patienten auch nach ihrem Wohlbefinden zu fragen. Rein psychische Aspekte und Konstrukte
wie Leistungsfähigkeit, Persönlichkeit, Aufmerksamkeit und IQ
waren hierfür nicht verwendbar, da keine Schlüsse hinsichtlich
der Auswirkungen einer Krankheit gezogen werden konnten.
Die Erfassung der sogenannten Lebensqualität gewann zunehmend an Bedeutung, da neben medizinischen Kriterien
auch die subjektive Perspektive des Patienten zur Beurteilung
der Qualität von medizinischen und pflegerischen Versor-
gungsleistungen herangezogen werden konnte.[23] Vereinfacht
gesagt wird eine höhere Lebensqualität mit einem höheren
Therapieerfolg gleichgesetzt. Die Durchsicht der Literatur
über Lebensqualität jedoch zeigt, dass für diesen Begriff viele
verschiedene Definitionen verwendet werden. Rachel Murrell
gibt folgende Begriffe an, die in zahlreichen Untersuchungen

---

23  Matthias C. Angermeyer/Reinhold Kilian/Herbert Matschinger: WHO-
QO-L100 und WHOQOL-BREF. Handbuch für die deutschsprachige
Version der WHO Instrumente zur Erfassung von Lebensqualität, Göt-
tingen 2000; H. Janig/W. Pipam/R. Likar (2000): Quality of Life in Cancer
Patients. Review of Psychology, 7, (1–2), p. 34–44.

einheitlich als Lebensqualitätsbegriffe bezeichnet werden: Gesundheitsstatus, Lebens-Zufriedenheit, Wohlbefinden, Gesundheits-Empfindung, funktionelle Einschränkung und Ausmaß psychischer Belastung.[24]

Als Hauptursache für die Verwendung eines Begriffes mit unterschiedlicher Definition wird die Unterteilung in gesundheitsbezogene und personenzentrierte Lebensqualität angesehen. Die gesundheitsbezogene bezieht sich auf den funktionalen Status, auf physische Parameter sowie auf psychosoziale Faktoren. Die personenzentrierte Lebensqualität erfasst die subjektive Befindlichkeit ungeachtet körperlicher Umstände. Tests hierzu wären zum Beispiel: Beck Depressions Inventar mit seiner Befindlichkeitsskala.[25]

Hier wird deutlich erkennbar, dass zwar von Lebensqualität gesprochen, aber die Lebenszufriedenheit, das Zurechtkommen im Alltag, der Inhalt oder Sinn des Lebens viel eher erfasst wird als das, was gemessen wird. Von rein geistigen/psychischen Empfindungen und Leistungen zu sprechen fällt hier schwer. Die Forschung hat gezeigt: Das Bild von sich selbst und von der eigenen Situation, damit die individuelle Empfindung von Behinderung und/oder Einflussmöglichkeiten auf den Alltag mit Behinderung, ist maßgeblich für den Grad der Erholung nach der Entlassung aus dem Krankenhaus sowie für den Schweregrad der Behinderung.[26] Die Lebensqualität muss also nicht mit dem Grad der Behinderung oder mit dem tatsächlichen Gesundheitszustand übereinstimmen. So zeigen beispielsweise Untersuchungen zur Lebensqualität bei Personen

24 R. Murrell (1999): Quality of Life and Neurological Illness: a Review of the Literature. Neuropsychology Review, 9 (4), p. 209–229.
25 Vgl. J. Bergsma/R. S. Duff: A model for examining values and decision making in the patient-doctor relationship. Pharos of Alpha Omega Alpha Honor Medical Society 43 (1980), p. 7–12; Murrell (wie Anm. 24).
26 M. Johnston: Models of Disability. The Psychologist (May 1996), p. 205–210.

mit Diabetes, dass jene Personen eine subjektiv höhere Lebensqualität aufweisen, die objektiv gemessen „schlechtere" medizinische Werte hatten.[27] Der sich gesund Fühlende greift eher zum Törtchen als jener, der oft an seine Krankheit denkt. Verdrängung und Risikobereitschaft sind logische Erklärungen. Die Logik unterliegt dem Verstand, dieser untersteht den Gefühlen und diese bewerten die Sinnhaftigkeit von Tun und Lassen.

## Logik versus Seele bei Krebs

Die Diskussion um den Einfluss der Psyche bei unterschiedlichen Arten der Krebserkrankung wurde von Ärzten und Patienten seit den 1960er-Jahren aufgegriffen. Von seelischen Bedürfnissen war und ist in diesem Zusammenhang nicht die Rede. Teils mit Sicherheit, weil auf einer wissenschaftlichen Ebene das Konstrukt Seele neben dem Unterbewusstsein und Gefühlen nicht verankert ist. Somit ist derzeit noch schwer vorstellbar, wie man das Ausmaß erfüllter oder verleugneter seelischer Bedürfnisse messen kann. Somit ist auch klar, worauf sich die Psychologie konzentriert, nämlich auf Persönlichkeitsmerkmale, die mathematisch umgelegt werden. All jene Patienten und Betroffene, die von der Psychologie eine Antwort auf ihre Frage nach dem Sinn, des *Warum* oder des *Was muss ich ändern?* erwarten, erhalten Antworten auf einer anderen Ebene – nämlich wie sie im Vergleich zur „Normalbevölkerung" empfinden. Also eben durchschnittlich oder zu empfindlich oder zu egoistisch etc. Blumberg, West & Ellis publizierten bereits 1954 in der Zeitschrift „Psychosomatic Medicine" den Einfluss der Psyche auf Krebs. Die Frage nach

---

27  Vgl. C. Bradley (2001): Importance of differentiating health status from quality of life. Lancet 357 (6), p. 7–8.

der Macht der Psyche und nach der Schuld negativer Gedanken wurde in den Vordergrund gestellt, um Heilung zu erzielen. Mit Psyche meint man hiermit aber nicht den Einfluss von Merkfähigkeit, Konzentration, Intelligenzquotient oder logischem Denken. In diesem Fall stellte sich die Frage nach dem Einfluss von Gedanken und Gefühlen auf das Zellwachstum, im Speziellen auf das Wachstum des Krebses. Im Bereich der Onkologie führte dies zur Entwicklung eines eigenen Persönlichkeitstypus, der für das Auftreten von Krebs prädestiniert sein soll. Persönlichkeitstyp C wurde 1980 kreiert.

- Merkmale der Typ-C-Krebspersönlichkeit: depressiv, harmoniebedürftig, gefühlsorientiert, trennungssensibel
- Typ-C-Verhalten: nachgiebig, überangepasst, unterwürfig, abhängig
- Risikoverhalten, Risiko-Einstellung, Verleugnung von Bedrohung, Vermeidung präventiver Maßnahmen
- Stress: chronische Überlastung
- Lebenssinn: Verlust und Aufgabe von Lebenszielen und -inhalten[28]

Die Macht der Psyche wurde hier leicht erklärt und einfach dargestellt. Positiv denken wurde aufgrund dieses Erklärungsmodells vorgeschlagen. Obwohl hier ebenfalls jeder weiß, dass man sich ein Leben lang etwas wünschen kann – wenn es nicht von Natur aus gegeben ist, dann hilft kein Wunsch. Ich kann mir jeden Tag rote Haare wünschen oder einen hellen Hauttypus, eine kleine Nase oder blaue Augen. Die Zellen in diesen Bereichen werden sich nicht an meinen Gedanken orientieren. Das sogenannte positive Denken funktioniert also nur so lange, solange der Wunsch aufrechterhalten werden kann, dass ein Gedanke doch etwas bewirkt.

---

28 Vgl. dazu Volker Tschuschke: Psychoonkologie. Psychologische Aspekte der Entstehung und Bewältigung von Krebs, Stuttgart 2002.

Menschen, die diesem Persönlichkeitstypus entsprachen, galten somit als gefährdet, durch diese Art und Weise ihren Krebs mit zu erzeugen oder zumindest nicht aufzuhalten.

Die Theorie des Einflusses des Persönlichkeitstypus C konnte seit damals nicht wissenschaftlich bestätigt und repliziert werden.

In der Psychologie weiß man, dass massive Angst, überwältigende Sorgen oder einfach zu viel Stress einen enormen Einfluss auf den Körper haben können. Angst kann Haare über Nacht grau werden oder andere sogenannte psychosomatische Beschwerden entstehen lassen; Sorgen und Stress können sich auf den Magen, Muskeln oder auf die Haut auswirken; kreisrunder Haarausfall kann so entstehen. Die Entstehung von Krebs kann laut neuesten Forschungsergebnissen jedoch nicht auf psychische Probleme zurückgeführt werden. Krebs ist keine Erkrankung, die seelische Ursachen hat und somit keine psychosomatische Erkrankung.

## Hinweis auf Seele?

Trotz intensiver medizinischer und psychologischer, eventuell psychoonkologischer Behandlung, Beratung und Betreuung äußern zahlreiche Patienten den Eindruck, Bedürfnisse ihres innersten Wesens, grundlegende Wünsche, Träume und Ziele in ihrem Leben nicht berücksichtigt zu haben. Zusätzlich besteht das Bedürfnis, das Leben nach der Krankheit so zu gestalten, dass diese Bedürfnisse nicht mehr unterdrückt werden.

Ich denke, das, wovon diese Patienten sprechen, kann man die Bedürfnisse von Seele nennen. Hierdurch würde das berücksichtigt, was den Kern des Lebens und ihrer Existenz ausmacht. Aus psychologischer Sicht ist verständlich, weshalb die Berücksichtigung seelischer Bedürfnisse Energie gibt und mit positiven Gefühlen verbunden ist. Positiv nicht unbedingt im Sinne von glücklich, aber im Sinne von motivierend, sinnvoll erscheinend und Kraft gebend. Eine von zahlreichen Definitionen von Motivation lautet: „Unter *Motivation* oder *Motiviertheit* versteht man die Bereitschaft einer Person, sich intensiv und anhaltend mit einem Gegenstand auseinanderzusetzen. Motivation kann als *Prozess* aufgefasst werden, in dessen Verlauf zwischen Handlungsalternativen ausgewählt wird. Das Handeln wird dabei auf ausgewählte Ziele ausgerichtet und auf dem Weg dorthin in Gang gehalten, also mit psychischer Energie versorgt."[29]

Ich will deswegen von seelischen Kräften oder Bedürfnissen sprechen, da oftmals psychische Merkmale vollkommen unauffällig sind, das heißt keine Depression, Angst, Konzentrationsschwierigkeit oder ein anderes Problem vorhanden ist. Trotzdem bestehen das tiefe Bedürfnis und das Gefühl, dass grundlegende Lebensweisen geändert gehören. Die Berücksichtigung seelischer Bedürfnisse ist motivierend und verleiht dadurch nicht nur Kraft, sondern auch Sinn.

Die Seele kommt innerhalb dieser wissenschaftlich-technischen Denkordnung noch nicht vor. Von Bedeutung ist diese wegen der Frage nach dem Grund, nach dem Warum. Es soll sich lohnen, zu leben. Viktor E. Frankl wies auf die Bedeutung dessen ebenfalls hin; nachweisen konnte auch er eine Seele physiologisch nicht.

### Was dürfen wir hoffen?

Aufgrund des Umstandes, dass zunehmend von Phänomenen gesprochen werden darf, die zwar beobachtet, jedoch noch

---

29 Marcus Hasselhorn/Andreas Gold: Pädagogische Psychologie. Erfolgreiches Lernen und Lehren, Stuttgart 2006, S. 103.

nicht erfasst werden können, besteht die Hoffnung, dass auch das Konstrukt Seele demnächst wissenschaftlich erklärbar beziehungsweise fassbar wird.

Zur Beachtung seelischer Bedürfnisse sind folgende Überlegungen wichtig: Alle Gedanken und Handlungen, die der Suche nach seelischen Bedürfnissen dienen, geben Kraft. Diese Gedanken und Handlungen erscheinen mitunter nicht logisch. Dennoch sind es auch diese unlogisch erscheinenden Handlungen wert, getan zu werden, ebenso wie es unlogische Gedanken wert sind, gedacht zu werden. Welcher Gedanke aber logisch wirkt und welcher unlogisch, obliegt immer dem jeweiligen Menschen. So ist beispielsweise bei meinem Körper ein unlogischer Gedanke die Vorstellung, einen Sportwagen zu fahren, in dem mein Rollstuhl kaum Platz hat. Oder auch, eine Expedition zum Nordpol zu planen. Dennoch können trotz fehlender Logik auch solche Gedanken für die Entwicklung der Seele hilfreich sein. Und auf seelische Bedürfnisse einzugehen darf nicht nur, sondern muss sogar empfohlen werden. Nicht aber mit dem Ziel, aufgrund dessen gesund oder glücklich zu werden, sondern um ein wertvolles und grundsätzlich sinnvolles Leben führen zu können.

# Anders fühlen – aber wie?

Fühlt man sich schlecht oder möchte man lernen, anders/besser zu leben, geht man zum Psychologen oder Therapeuten. Erinnern, um zu vergessen ist einer der Grundsätze der Psychoanalyse Freuds. Aber was vergessen? Und wozu, wenn diese blöde Erinnerung sowieso unbewusst ist? Etwas, das im sogenannten Unterbewusstsein des Gehirns gespeichert ist, aber dem Körper – und nur dem Körper – große Probleme bereitet. Das sogenannte Gedächtnis des Körpers, wie bei Joachim Bauer gut beschrieben, zeigt also, dass es Lebenserinnerungen gibt, auf die der Körper reagiert, noch bevor der Geist mitkommt und diese verarbeiten kann. Was man von sich hält, was man denkt, spiegelt sich in den Gefühlen im Körper wider. Ein unsicherer und ängstlicher Mensch zeigt eine andere Körperhaltung als ein sicherer; jemand, der sich schön fühlt, muss sich weniger verstecken etc.

Die Gedanken beider Menschen können oft dieselben sein, der ängstlichere kann sogar weitaus mehr wissen, trotzdem fühlt er sich unsicher – wie kann man das also lernen? Wie schafft man es, sich so zu fühlen, wie man gerne möchte?

Eine Kritik an der Psychoanalyse, beispielsweise von Rudolf Steiner um 1907 herum, lautete, dass die Analyse zwar einen Einblick in problematische Erinnerungen gewährt, aber noch lange keine Lösungen bietet, wie man damit umgehen soll. Was heißt das nun für einen Patienten? Dieser kommt ja wegen psychischer und körperlicher Symptome des Unwohlseins zum Therapeuten. Zumeist fühlt sich ein Patient traurig oder ängstlich, und der Körper bietet ihm einen starken Druck auf der Brust, Schlafstörungen, zittrige und kalte oder warme verschwitzte Hände etc. als Symptome an. Für diese Patienten lautet die Frage: Wie kann ich diese Gedanken und körperlichen Gefühle loswerden? Denken kann man schnell lernen, aber wie kann der Körper lernen, sich so zu fühlen, wie man denkt? Und, so fragt der Patient zu Recht, wieso fühle ich mich schlechter, wenn ich von etwas Unangenehmem rede, obwohl es guttun soll? Von dem zu reden, was einem Unwohlsein bereitet, kann nicht guttun. Einzig der Erkenntnismoment kann guttun. Hierdurch können schädigende beziehungsweise Stress verursachende Gedanken und Handlungen bearbeitet werden. Offen bleibt die Frage, wie diese Bearbeitung erfolgen kann. Nach jahrelanger Analyse weiß man wirklich sehr genau, weshalb es einem schlecht geht. Man weiß aber noch nicht, wie es einem gut geht, wie man eine wertvolle Existenz erlangen kann. Im Folgenden geht es um die Wechselwirkung zwischen Gedanken, Gefühlen und Körper.

## Wie fühlt der Körper?

Ein Gefühl entsteht prinzipiell im Kopf, wird aber über den Körper ausgelebt. Es besteht nur aus Hormonen. Diese lösen körperliche Reaktionen aus und haben dadurch eine große Auswirkung auf Körper und Geist beziehungsweise den Verstand. Betroffen sind hiervon zumindest indirekt alle Zellen eines Körpers, die auf jedes Gefühl reagieren. Das willkürliche Nervensystem, das die Kontrolle des Bewegungsapparats erlaubt, wird durch ein Gefühl ebenfalls beeinflusst. Eine Situation, die als unangenehm oder gefährlich „gefühlt" wird, kann man rasch verlassen oder ganz vermeiden. Ein Gefühl wirkt aber viel umfangreicher und mächtiger. In einer Gefahrensituation sind wir froh über ein Gefühl. Will ich freilich beispielsweise eine attraktive Person ansprechen, so kann das Gefühl sich unangenehm auswirken, indem es einen roten Kopf hervorruft, schwitzige Hände verursacht, die Stimme erzittern lässt sowie mein komplettes Auftreten verunsichert. Jedes Gefühl hat somit in jeder Situation eine Auswirkung auf den Körper. Für gewöhnlich achtet man aber nicht so sehr auf Gefühle. Angst bewirkt eine andere Körperhaltung als Freude oder Mut. Das willkürliche Nervensystem ist somit von Gefühlen bewusst und unbewusst betroffen; das heißt, die Steuerung der Muskeln funktioniert über eine willentliche gezielte Kontrolle, aber auch unbewusst, ohne dass wir daran denken und das Gefühl, das die Muskelanspannung bewirkt, beachten. Muskeln werden also innerhalb eines gewissen Grades unbewusst von Gefühlen beeinflusst. Erst wenn ein Gefühl eine bestimmte Stärke erreicht, fällt uns auf, wie stark das Gefühl Körperhaltung, Bewegung und dadurch unser Verhalten beeinflusst. Die Bewegung von Armen und Beinen beziehungsweise die Ansteuerung von Muskeln kann beim psychisch gesunden Menschen auch mit sehr unangenehmen Gefühlen uneingeschränkt erfolgen. Als Beispiel wird eine Bewegung oder Handlung beschrieben, bei der es jemandem schwerfällt, diese zu vollziehen – wenn jemandem vor etwas graut, zum Beispiel. Etwa vor einer Schnecke im Garten, die entfernt werden soll, und man ekelt sich davor, das schleimige Tier anzufassen. Mit etwas Überwindung kann die notwendige Handlung – man will ja seinen Salat vor den gefräßigen Räubern schützen – durchgeführt werden. Der Wille, der Plan, die Schnecke in die Hand zu nehmen und woanders hinzusetzen, kann das Gefühl des Ekels klein halten.

Wie mächtig der Einfluss von Gefühlen auf den Bewegungsapparat ist, wird bei Zwangserkrankungen deutlich sichtbar. Ein Zwang, zugrunde liegend ein Gefühl, beeinflusst den freien Willen derart, dass Bewegungen ausgeführt und unterlassen werden müssen, auch mit dem Wissen, sich oder jemand anderem hiermit zu schaden. Beim Verlassen der Wohnung beispielsweise muss eine Person mit einem Kontrollzwang noch einmal prüfen, ob zugesperrt ist. Das Gefühl der Unsicherheit, ohne noch einmal nachzuprüfen, ob wirklich abgesperrt ist, wäre unerträglich. Die Bewegung des Zusperrens bezeichnen wir zwar als willkürlich, obwohl der Wille, der die Bewegung anordnet, nicht frei ist und diesen Zwang vielleicht sogar als negativ bewertet. Das Gefühl ist hier eindeutig als Wegweiser beziehungsweise als Entscheidungsträger erkennbar.

Das unwillkürliche Nervensystem reagiert ebenfalls deutlich auf Gefühle. Auch hier kann man auf ein Gefühl achten und die direkte Wirkung bemerken. Vor einer Verabredung mit der großen Liebe beispielsweise kann eine enorme Wirkung des Gefühls auf die Herzschlagrate, Verdauung etc. beobachtet werden. Unbewusst stehen Gefühle ebenfalls mit dem unwillkürlichen Nervensystem in Verbindung. Jeder Mensch muss lernen, welche Reaktion des Körpers mit welchem Gefühl verbunden ist. Je besser man die Zeichen beziehungsweise Reaktionen des Körpers kennt, desto leichter kann man Kontrolle hierüber erlangen.

Ein Gefühl, ein Zeichen des Körpers, eine Art Orientierungshilfe im Leben, kann auf jeweils unterschiedliche Ursachen hindeuten. Unser Gehirn beziehungsweise unsere Gedächtnisinhalte (bewusst, unbewusst) benötigen einen Träger des Gefühls – das heißt den Körper, meistens den eigenen, um dort zu zeigen, wie es einen Gedanken bewertet. Es gibt Menschen, die strahlen Freude aus, Zufriedenheit oder Trauer und Bitterkeit. Das sind alles „nur" Gefühle, die anhand des Körpers gezeigt und gefühlt werden. Die meisten Gefühle kann man leicht erkennen und man selbst weiß diese zu deuten. Es gibt aber Gefühle, die man nicht so leicht erkennt und die deswegen schwer zu interpretieren sind. Je unangenehmer ein Gefühl oder Gedanke, desto schwieriger ist die Ursache dafür zu erkennen. Je angenehmer ein Gefühl, desto öfter wollen wir es wieder erleben und spüren. Vereinfacht gesagt sind wir somit Gefühls-Junkies. Alles, was sich gut anfühlt, wird angestrebt.

Ein Gefühl ist also Orientierungshilfe. Jedoch sind Gefühle stark mit dem Verstand verbunden und wollen deshalb ebenfalls dem wissenschaftlich-technischen Weltbild entsprechen. Gefühle werden somit logisch zu erklären versucht und entfernen sich hiermit von Sinnhaftigkeit. Ein Gefühl ist trotzdem immer richtig. Es kann aber die Richtung, also ob eine Handlung gut oder böse ist, nicht ohne Verstand erkennen. Diese Richtung wird vom Streben nach seelischen Bedürfnissen bestimmt. Das heißt: Wenn eine Entscheidung intuitiv getroffen werden muss und es werden seelische Bedürfnisse berücksichtigt, so kann man davon ausgehen, dass diese Entscheidung als menschlich bezeichnet werden darf. Diese Entscheidung kann als „gut" bezeichnet werden – gut im Sinne von richtig, nicht unbedingt im Sinne von angenehm oder lebenserleichternd. Ohne diese Berücksichtigung wird mit einem guten Gefühl etwas nicht Gutes vollbracht werden können, bis sich der Körper wehrt. Denn der Körper spürt, ob etwas gut oder böse ist.

Doch auch was gut ist, stellt eine Herausforderung für Körper, Verstand und Seele dar. Gut bedeutet nicht immer angenehm, nicht mehr ohne Probleme oder ohne Schmerzen. Aufgrund der Liebe kann man körperliche und psychische Schmerzen erleiden müssen. Menschen müssen jedoch lernen, auch auf der seelischen Ebene mit diesen guten und bösen Dingen im Leben umzugehen. Die Liebe gilt als etwas Gutes und Erstrebenswertes. Dennoch kann man wegen der Liebe im Körper sehr unangenehme und kaum auszuhaltende Gefühle erleben. Neben Geld und Macht bringen sich Menschen nur noch aufgrund der Liebe um, entweder aufgrund verschmähter, verlorener oder verloren geglaubter Liebe. Was ist dann die Liebe, die oft sehr schmerzhaft ist? Ein Exkurs in das, was uns Menschen antreibt, soll zeigen, was Liebe ist. Ob die Liebe zu Geld, einer Person, zu einer Tätigkeit oder Thematik, sei zunächst nicht unterschieden.

# Was ist Liebe? Von der Philosophie zum Alltag

Zu einem erfüllten Leben zählt das Finden und das Er- und Ausleben von Liebe. Die Liebe wird sowohl auf körperlicher als auch auf psychisch-geistiger Ebene erlebt und erfahren. Die Liebe betrifft aber auch – und ich möchte meinen, vor allem – den Kern unseres Wesens, nämlich die Seele. Es ist wichtig, darauf hinzuweisen, denn bei der Wahl des sogenannten richtigen Partners werden sehr leicht jene Objektträger beachtet, die mit der Bewertung von Körper und Psyche/Geist in unserer Gesellschaft behaftet sind. Die Psyche und der Körper reagieren natürlich auf hoch bewertete Objekte und Körper. Ein guter Geruch, ein schöner Körper, eine berauschende Stimme sowie ein großartiger Titel vor dem Namen, und alle körperlich-geistigen Sensoren sind bereit zu reagieren. Die Seele jedoch, der Kern des Menschen, reagiert auf Liebe. Der Kern unseres Wesens, die Seele, ist von Liebe abhängig und unbeeindruckt von materiellen und geistig-psychischen Gütern.

Unbeeindruckt, nicht unbewertet! Ohne Frage ist es notwendig, auch körperlich-materielle und geistig-psychische Werte an einem Menschen zu lieben, sinngebend sind aber seelische Aspekte.

Bei der Wahl des Partners werden selbstverständlich immer Körper und Psyche/Geist zur Entscheidungshilfe herangezogen. Je mehr der Geist beziehungsweise die Psyche über die Liebe weiß, desto mehr kann jeder von ihnen der Seele bei der Auswahl des richtigen Partners helfen. Die Frage „Was ist eigentlich Liebe?" darf hier somit erläutert werden.

Zunächst ein theologischer und philosophischer Hintergrund: Liebe – für manche der Inbegriff des Glücks, für viele die Hürde in ihrem Leben, an der so ziemlich alles scheitern kann.

Der möglicherweise erste Gedanke, der einem Theologen bei dem eher schon unüblichen und veralteten Wort „Liebe" in den Sinn kommt, könnte der erste Korintherbrief 13,13 sein,

in dem der Apostel Paulus sagt: „das Größte aber ist die Liebe".
Der Kirchenlehrer Thomas von Aquin bezeichnet die Liebe als
eine göttliche Tugend. Wobei man unter Tugend versteht: „eine
Vollkommenheit des Menschen, die ihn innerlich vervollkommnet und die auch seine äußeren Werke und Betätigungen vollkommen macht. Nun ist es aber so, dass alle Tugenden
sich unmittelbar auf Gott beziehen, allerdings auf verschiedene Weise. Die Liebe aber gilt als das Größte, da sie Gott sucht,
Gott allein und um seiner selbst willen und da sie in ihm
ruht".[30]

Bereits hier zeigt sich die erste gröbere Schwierigkeit. Will
man nämlich wie ich bei Thomas von Aquin oder bei Augustinus beginnen, so stößt man vordergründig auf rein theologische
Probleme, zu denen man als Psychologe an einer Orthopädie
nicht allzu viel sagen kann. Nicht, dass man als Laie dazu keine
eigene Meinung hätte oder seinen eigenen Standpunkt nicht
auch vertreten könnte, doch erlangt man, so scheint es, als
Theologe unter Umständen eine Sichtweise, die von anderen
Hintergründen geprägt ist und zu denen nicht ein jeder Mensch
Zugang hat.

Um Liebe mit dem Kern des Menschen in Verbindung bringen
zu können, ist es notwendig zu beachten, welche psychisch-
geistigen Aspekte hieran alle beteiligt sind.

Die erste erforderliche Unterscheidung, die im Rahmen
eines solchen Exkurses gemacht werden muss, wäre die Trennung beziehungsweise Präzisierung der beiden Begriffe Liebe
und Verliebtheit.[31] Um uns nicht mit Unwesentlichem aufzuhalten, verwenden wir für letzteres Phänomen den schlichten
Begriff „Aufmerksamkeitsanomalie" (von José Ortega y Gasset),
der keiner weiteren Erklärung bedarf.

---

30  Zit. n. Viktor von Kolb, S. 39.
31  Siehe hierzu Erich Fromm: The Art of Loving (dt. Ag.: Die Kunst des
    Liebens), London 1985.

Doch was bedeutet dieses Wort „LIEBE" eigentlich? Was meinte man früher damit? Und unterliegt es heute einem Bedeutungswandel?[32] Liebe stellt, romantisch beschrieben, eine absolute Wertschätzung eines Menschen dar. Eine Wertschätzung, die alle Stärken und Schwächen eines Menschen beinhaltet. Das Gefühl, jemanden wertzuschätzen oder auch geschätzt zu werden, ist wunderbar, wenn der Partner oder die Partnerin der oder die sogenannte richtige ist. Falls nicht, beginnt man noch einmal über den Partner nachzudenken oder auch über die Liebe. Liebe ist fantastisch, wenn man Liebes-Filme betrachtet. Sie ist aber auch katastrophal, wie Kriminalisten zu berichten wissen. Es lohnt sich also, mehrere Facetten dieses Gefühls von Wertschätzung und Zuneigung zu diskutieren.

Heute ist Liebe ein sehr globaler Ausdruck geworden. Das Gegenteil von Liebe ist nicht etwa, wie viele Menschen glauben, der Hass, sondern die Gleichgültigkeit. Liebe ist zwar nur ein einziges Wort, das aber sehr viele Bedeutungen in sich birgt. So wird es oft auch mit Mitmenschlichkeit oder Solidarität gleichgesetzt. Aus welchen Bedeutungen setzt sich der Begriff „Liebe" nun tatsächlich zusammen? Was steckt noch alles hinter oder in diesem Wort außer geschätzt zu werden oder Zuneigung zu empfinden?

„Aus dem lateinischen Wortschatz stehen hierfür gleich mehrere Bedeutungen zur Verfügung, wie zum Beispiel: das Wort caritas, amor, pietas, affectio, diligere und unerwarteter Weise auch das Wort studium. Studium hatte einen besonders kennzeichnenden Aspekt, nämlich den des Dienenwollens und des Zu-Diensten-Seins – womit etwas in der heutigen Zeit kaum mehr Bedachtes beim Namen genannt wurde, das dennoch zur vollen Realisierung der Liebe gehört".[33]

---

32 Im Folgenden siehe hierzu Josef Pieper: Über die Liebe. München 1972.
33 Pieper, S. 22.

Das Wort **caritas** existiert noch im heutigen Sprachgebrauch, nachdem es einen Bedeutungswandel hinter sich hat. Wurde früher darunter die theologische Präzisierung der übernatürlichen Gottes- und Nächstenliebe verstanden, so meint das quasi-deutsche Lehnwort mit caritas heute viel mehr die organisierte Fürsorge für Hilfsbedürftige mitsamt den dazugehörigen notwendigen Apparaturen. Eigentlich wird aber mit dem Wort caritas auch der Akt der Wertschätzung gemeint. Auch **pietas** hat etwas mit der Liebe zu tun. Es zählt zwar nicht für alle zu den wesentlichsten Elementen der Liebe, damit ist nämlich so etwas wie Mitleid und Barmherzigkeit gemeint, jedoch Arthur Schopenhauer machte es gleich zu seinem bedeutungsvollsten, indem er meinte: „Alle wahre und reine Liebe ist Mitleid".[34]

Ein ebenfalls in der Liebe enthaltener Begriff ist der Ausdruck **affectio**. Dieser beinhaltet den Widerfahrnis-Charakter der Liebe, nicht selten meinen wir, von jemandem angetan zu sein, auch wenn dies nicht immer in demselben Ausmaß passieren muss, wie das Goethes Werther erfahren musste. Das heißt, wir können uns nicht aussuchen, wen wir lieben oder auch bestimmen, wer uns liebt. Wir können nur begrenzt wirklich wählen. Der Ausdruck **diligere** steht für wählen oder erwählen, und natürlich wird auch ein Liebender wählen oder zumindest erwählt werden, somit scheint dies auch ein unentbehrliches Wort im Vokabular der Liebe.

Auch aus der griechischen Sprache kommen einige Wörter, deren Bedeutung bei der Erwähnung des Wortes Liebe heute eine Rolle spielt. Eines der markantesten ist das griechische Wort **Eros**, es steht wohl in keinem geringeren Zusammenhang mit dem heutigen Terminus Liebe. Die Beschreibung Platons fügt sich reibungslos in das gegenwärtige Bedeutungsfeld ein. Für ihn war es: die am leibhaftig Schönen sich entfachende

---

34  Zitiert nach Pieper, S. 24.

Zuneigung; der rauschhafte **gottgesandte Wahnsinn** (theia mania) oder die Kraft des Aufstiegs zur Schau des göttlich Schönen. In unserem heutigen einzigen Wort Liebe sind also sämtliche Dimensionen und Elemente inbegriffen, und selbst Augustinus betonte das einheitlich Gemeinsame auch in der Bibel. So sagte er, sei mit den Namen amor, dilectio und caritas im Grunde das Gleiche gemeint.[35]

Wann kann man davon sprechen, jemanden zu lieben? Wenn ich es gut finde, dass es jemand anderen gibt um meinetwillen (weil ich ihn brauche) oder um seinetwillen (weil ich ihn glücklich wissen will)? Ist denn der Kern aller wahren Liebe nicht auch die Frage, ob man sich die Verbindung zu dem Geliebten etwas kosten lassen will, und wenn, dann wie viel?

Wieder einmal steht man hier vor einem rein theologischen Problem. „Das christliche Grundmotiv besagt nämlich eine fast in absolutem Sinn selbstlose Liebe, die sich hingibt, statt sich zu behaupten, und die nicht das Leben gewinnen will, sondern es wagt, es zu verlieren".[36]

In diesem Sinne hatte es früher, besonders zur Zeit des Augustinus, wenig mit Liebe zu tun, wenn diese um meinetwillen geschah, anstatt um seinetwillen. Das bedeutete eine negative Bewertung des Ausdrucks Eros. Die Meinungsverschiedenheiten zwischen Thomas von Aquin und Augustinus, in denen es darum ging, ob Eros oder Agape für die wahre Liebe verantwortlich wäre, haben bis in die heutige Zeit angehalten, denn genau darum geht es auch bei der Frage des Liebens um meinet- oder um seinetwillen. Wobei Eros für meinetwillen steht, und Agape für seinetwillen.

Wenn wir heute von Liebe sprechen, wird nur mehr jene zwischen zwei oder mehreren menschlichen Wesen gemeint, doch zur Zeit des Thomas von Aquin lag der Schwerpunkt eher

---

35  Vgl. Pieper, Über die Liebe.
36  Pieper, S. 97.

auf der sogenannten „Gottesliebe". Aber wie sollte auch sie grundlos und unmotiviert sein? Kein Mensch würde klaren Verstandes vor seinen Schöpfer treten und meinen: „Ich komme nicht als Bettler; ich liebe dich selbstlos".[37] Unsere Gottesliebe, das kann gar nicht anders sein, ist weithin, wenn nicht ganz und gar, verlangend-bedürfende Liebe, und folglich ist sie Eros. Diese bedürfende Liebe ist auch der Kern und der Beginn dessen, was wir heute darunter verstehen.

## Was ist das eigentliche Ziel der Liebe?

Nehmen wir als ihr wahres Ziel – das Glück. Ob man mit dem tatsächlichen Ziel auch glücklich wird, ist fraglich, da der Inhalt von Glück schwer zu definieren ist. Versteht man unter Glück eine Erfahrung, ein Erlebnis, ein Gefühl, das infolge einer Aktivität, Handlung, Erkenntnis etc. entsteht, so müssen Handlungen, Aktivitäten, Erkenntnisse etc. in Gang gebracht werden, um das Glücksgefühl wiedererlangen zu können. Glück ist demnach ein Nebenprodukt dieser Handlungen, ein Nebenprodukt von Liebe, aber auch ein Nebenprodukt des Einkaufens und des Erlebens von Abenteuern.

Wenn mit Liebe die einfache Gutheißung gemeint ist, dann, so meint Goethe, liegt das wahre Glück bereits in der bloßen Teilnahme. Wobei bloße Teilnahme oder bloßes Wohlwollen allein noch lange nicht genug ist, denn es muss vor allem zum Wohltun werden. Doch auch das TUN hat seine Tücken! „In Platons Symposion heißt es, die Seele der Liebenden verlange offenbar nach etwas anderem als dem bloßen Geschlechtsgenuss, nach etwas, das sie nicht auszusprechen vermag; sie ahnt nur, was sie in Wahrheit sucht, und spricht sich selber in

---

37 Pieper, S. 109.

Rätseln davon."[38] Thomas von Aquin war der Meinung, dass darunter ein vollkommener Zustand zu verstehen sei; worin dieser jedoch bestehe, das bliebe verborgen.[39]

### Was heißt es, jemanden zu lieben?

Um die Bedeutung der Liebe für die Seele zu erörtern, erlaube ich mir, zunächst körperliche Reaktionsmuster und psychisch-geistige Wahrnehmungsanomalien außer Acht zu lassen und weniger leicht wahrnehmbare Aspekte von Liebe anzuführen. Augustinus meinte nämlich dazu, was nicht um seiner selbst willen geliebt wird, das wird überhaupt nicht geliebt. Und selbst Nietzsche war der Überzeugung, dass Liebe etwas Un-egoistisches sein sollte. Damit ist natürlich nicht die vollkommene Selbstaufgabe gemeint oder die absolute Ausrichtung des eigenen Lebens auf das eines anderen. Jemanden zu lieben heißt also nicht, auch all seine Fehler, schlechten Angewohnheiten und Ansichten zu tolerieren, sondern einfach nur zu wünschen, dass es in Wahrheit gut um denjenigen bestellt sein möge. Gut bestellt trotz aller Schwierigkeiten und Probleme einschließlich seelischer Leidensmomente, falls das Erleben psychisch-schmerzhafter Umstände eintritt.

Jemanden lieben kann man nur trotz seiner Fehler, aber auf keinen Fall diese selbst. Auch kann man die „Schwächen" eines geliebten Menschen unmöglich tolerieren, denn damit lässt man etwas „gut sein", was aber in Wahrheit schlecht ist, und das will man sicher nicht. Hiermit wird ein weiteres wesentliches Element der Liebe sichtbar, nämlich die Vergebung. Das heißt, bei dem geliebten Menschen kann man nichts Schlechtes tolerieren, man wird ihm aber alles vergeben! Man wird es

---

38 Pieper, S. 133.
39 Vgl. Pieper, Über die Liebe.

auch müssen, denn nur dadurch kann ich ihn weiterhin lieben, und er ist mir nicht gleichgültig.[40] (Im Rahmen dieses begrenzten Exkurses zum Thema Liebe wird auf die Unterscheidung zwischen „Vergeben" und „Entschuldigen" verzichtet.)

Doch aus der Zusammensetzung der oben erwähnten Aspekte von Liebe wird ersichtlich, was damit gemeint sein kann.

Den einen Teil der Liebe bildet **Eros**, also die Selbstliebe, etwas Natürliches, Triebhaftes, etwas Glücksverlangendes. Der andere Teil wird **Agape** genannt, worunter etwas Gebendes, Dienendes und auch etwas Selbloses verstanden werden kann. Eine mögliche Interpretation über das Wesen der Liebe wäre die Befriedigung des Eros, also die Stillung des Verlangens nach Glück, unter Zuhilfenahme der Agape. Nicht zu vergessen ist hierbei die Voraussetzung einer nicht berechnenden Selbstlosigkeit. Mit ihr als Grundvoraussetzung ist es dem Autor möglich, zu folgendem Schluss zu gelangen: Ich gebe so viel Liebe, wie ich selbst bekommen möchte. Wobei das „Bekommen der Liebe" nicht ganz so einfach ist, wie man das gerne hätte. Die „Tragödie" des „Lohns der Liebe", womit demnach die geliebte Person selbst gemeint wäre, liegt darin, dass dieser absolut nicht eingefordert werden kann. Mit bloßer Anwesenheit des auserwählten Menschen ist es nämlich nicht getan. Die Unmöglichkeit des Einforderns wird am deutlichsten in der sogenannten „käuflichen Liebe" sichtbar, die mit der hier vorgestellten Form von Liebe im Grunde genommen nichts mehr zu tun hat. Wohl aber verspricht sie das in der Liebe so heiß ersehnte Glück seit Jahrtausenden mit großem Erfolg. Der Lohn kann also lediglich einen Geschenkscharakter besitzen und Geschenke, die eingefordert werden müssen, haben einen anderen Wert. Folgende Formulierung von Augustinus stellt diesen paradoxen Sachverhalt besonders gut dar: „Liebst du deine Seele, so ist Gefahr, dass sie zugrunde geht. Also

---

40 Vgl. Pieper, Über die Liebe.

darfst du sie nicht lieben, da du ja nicht willst, dass sie zugrunde geht. Aber indem du nicht willst, dass sie zugrunde geht, liebst du sie".[41]

Im Wesentlichen selbstlos – im Sinne von Agape – wird hier die „vollkommene Liebe" dargestellt, und äußerst schwierig scheint sie erreichbar zu sein. Doch eine entscheidende Rolle spielt auch der Anteil des Eros an der Liebe. Es wird nämlich nur möglich sein, jemanden zu lieben, ihm dadurch mitzuteilen: „Gut, dass du da bist", insofern man selbst einmal erkannt hat, dass die Existenz des anderen etwas Gutes und Wunderbares ist. So stellt eine primäre Erfahrung von Selbstliebe und -achtung eine Grundvoraussetzung und Notwendigkeit für den Willensimpuls dar, jemand anderen zu lieben. Selbst wenn es einem Menschen vergönnt war, diese Erfahrung zu machen: Genügt es denn schon, allein sie zu haben, sie zu besitzen und damit ausgestattet eine selbstlose Liebe anzustreben? Liegt das denn überhaupt in ihrem Wesen? Hierin ist auch die Bedeutung der Trennung zwischen Eros und Agape zu sehen. Agape, die *selbstlose Liebe*, gibt sich hin, anstatt sich zu behaupten, sie wagt es sogar, auch zu verlieren.

Der für die Liebe entscheidende Willensimpuls aber kommt von Eros, der Selbstliebe, der auch für die Selbsterhaltung eine gewisse Notwendigkeit darstellt (Eros hier nicht als Geschlechtstrieb, sondern als *bedürftige Liebe*). Um jemanden zu lieben, ist es von großer Bedeutung, eine Ausgeglichenheit dieser beiden Elemente herzustellen. Wie wichtig die Zugabe des Eros zur Agape nun wirklich ist, zeigte uns das Wesen des Eros, also der eigentliche Ursprung der Liebesfähigkeit, man kann fast sagen, der treibenden Kraft.

---

41 Pieper, S. 138.

# Was fühlen und nennen wir wahre Liebe?

Wir können alles an jemandem lieben – Körper, Geld, Geruch, Lebensstil, Art und Verhalten. Lieben wir aber die Seele eines Menschen, seinen innersten Kern, so wird alles andere relativ wichtig. Das heißt unwichtig. Tritt das ein, so nennen wir das die wahre Liebe. Viel Geld und ein guter Geruch machen das Leben natürlich angenehmer und leichter. Doch was fordert die Liebe und was die Seele? Die Liebe fordert im gegenseitigen Geben und Nehmen den Kontakt und die Auseinandersetzung mit dem, was den Partner von seinem Wesen her ausmacht, den Kontakt also mit seiner Seele. Die Seele ist das, was den Grund, den Sinn der Existenz eines Menschen ausmacht. Die Bedürfnisse der Seele sind es, diesem Grund, diesem Sinn, so weit es geht, Inhalt zu verleihen. Wird auf die Seele vergessen, läuft die Liebe Gefahr, zu vergehen.

Ein einfaches Beispiel: Ein Liebespaar stellt gegenseitige Forderungen an sich. Forderungen, die aus Liebe für den Partner erfüllt werden, zunächst. Am Anfang einer Beziehung werden diese Liebesdienste nicht als Forderungen empfunden. Jeder liebt es, dem jeweils anderen zu geben, was er benötigt. Jeder ist bereit, das zu geben, was möglich ist. So geht eine Frau zum Beispiel mit einem Mann ins Bett, um aus Liebe seinen Wunsch zu erfüllen. Dies wird sich völlig anders anfühlen, wenn auch die Seele der Frau, der Kern und das Wesen ihrer Natur, ein Interesse beziehungsweise Lust dazu hat, mit ihm ins Bett zu gehen. Wird an diesem Interesse, an der Lust, sich mit dem anderen auseinanderzusetzen, nicht hart gearbeitet, wird darauf vergessen, kommt es zu einem Konflikt. Im Spiel der Liebe ist dieser Kern eines Menschen oder eben die Seele das, worauf es ankommt. Wird dieser Kern immer vergessen und die Erfüllung eines Wunsches mit Liebe verwechselt, kann sich die Seele nicht ausbreiten. Das hier lapidar genannte *Spiel der Liebe* ist der Prozess der Auseinandersetzung mit dem Partner beziehungsweise der geliebten Aktivität. Die Liebe wächst im Tun sowie in der geistig-psychischen Beschäftigung mit dem anderen. In Beziehungen, in denen die Bedürfnisse der Seele berücksichtigt werden, kann es ebenso zu konfliktreichen Auseinandersetzungen kommen. Wie in jeder anderen Beziehung ist dies mitunter unangenehm. Jedoch kann in dieser Art von Beziehung immer behauptet werden, dass es der Streit oder Konflikt auch wert ist, ausgetragen zu werden. Liebt man also die Seele des anderen, so ist jeder noch so unangenehme Streit ein sinnvoller.

## Liebe und Sex – sinnvoll und empfehlenswert?

Den Kern eines Menschen zu lieben bedeutet, seine Existenz, seine Nähe, Anwesenheit gut zu finden und diesem Menschen dadurch einen Grund zu verleihen, da zu sein. Es ist hiermit die Basis für ein sinnvolles Leben geschaffen. Auch die Selbstliebe, den eigenen Grund zur Existenz zu sehen, fällt in Beziehung leichter. Gelebt, geschaffen, gesucht, verfolgt wird ein Sinn aufgrund einer Beziehung jedoch noch nicht.

Es treten in jedem von uns körperlich-materielle, psychisch-emotionale und seelische Bedürfnisse gleichzeitig auf. Alle wollen zu geeigneten Zeitpunkten befriedigt werden. Kaum wurden diese befriedigt, streben wir erneut danach, wenn hiermit ein gutes Gefühl verbunden wird. Mit dem Partner, den wir lieben, wollen wir körperliche, psychische und seelische Bedürfnisse befriedigen. Die Seele allerdings, inhaltlich das, was unserem Leben einen Sinn gibt, ist eigenständig und unteilbar. Dieser Grund zur Existenz muss in jedem Fall entwickelt, gefördert, gepflegt werden, unabhängig davon, ob man single ist oder mit seiner großen Liebe zusammenwohnt. In einer symbiotischen Liebesbeziehung versucht man Gemeinsamkeit zu fördern und zusammenzuwachsen. Die seelischen

Bedürfnisse bestehen nicht nur darin, vom Partner akzeptiert und erkannt zu werden, sondern auch darin, individuelle Fähigkeiten und Talente zu fördern, jeder wie er kann. In einer Partnerschaft können körperliche Bedürfnisse wie Streicheln, Küssen, Sport, Training, Sex, Pflege gemeinsam gedeckt werden – ebenso geistig-psychische Bedürfnisse wie Lernen, Persönlichkeitsentwicklung; diese Bedürfnisse, die eine Partnerschaft mit bestimmen, zeigen sich allerdings anhand gemeinsamer Aktivitäten wie Theater, Kunst, Gespräche, Auseinandersetzung etc.

Gefühle entstehen zwar im Kopf, werden aber im Körper gefühlt und über beziehungsweise durch Körper und die Psyche intensiv übertragen. Vor allem die Sexualität bekommt hier einen besonderen Stellenwert. Dort ist es nämlich möglich, neben der körperlichen Befriedigung und dem angenehmen Gefühl auch den Kern des anderen Menschen, seine Seele also, zu erfassen. Diesen kurzen tiefen Einblick in das, was wir so lieben an dem anderen, teilen wir nicht gern. In diesem tiefen Einblick liegt auch die Gefahr der Verwechslung zwischen dem Anspruch an eine Beziehung, glücklich zu machen, und dem Anspruch, den Partner frei zu lassen und mit ihm glücklich werden zu können. Zusätzlich zum Sex, natürlich monogam, wenn gewünscht.

Insofern sind Liebe und Sexualität empfehlenswert. Fehlgeschlagene, schmerzhafte Beziehungen, die gescheiterte Versuche darstellten, alle Bedürfnisse zu befriedigen, mögen nicht abgewertet werden. Denn einen Sinn verleihen nicht Beziehungen an sich, sondern bestenfalls die Art, wie diese gestaltet werden.

# Sex und Seele – eine tiefe Verbindung

Sex und in weiterer Folge Pornografie haben mit der Seele, mit dem unmittelbaren Wesenselement, nur auf den ersten Blick wenig gemeinsam.

Betrachten wir Sexualität wissenschaftlich (logisch erklärbar):

„Das Erleben von Sexualität ist ein fundamentales menschliches Bedürfnis, eine universale Erfahrung, ein Schlüssel für intime zwischenmenschliche Beziehungen und eine Bedingung für Nachkommenschaft."[42] – „(...) das Gehirn ist das ultimative Sexualorgan: Sitz der sexuellen Bedürfnisse, Gedanken, Erlebnisse, Hemmungen und Überzeugungen".[43]

Demnach ist Sexualität ein Grundbedürfnis, das im Gehirn entsteht und über den Körper ausgetragen und befriedigt wird. Das heißt, das Bedürfnis danach, Sexualität zu erleben, besteht unabhängig davon, ob ein Körper behindert ist oder nicht behindert. Psychologisch gesehen kann sehr vereinfacht gesagt werden, dass das Bedürfnis beziehungsweise der Hunger nach diesen Glücksgefühlen vor, während und nach dem Sex uns dazu treibt, dies wieder zu tun. Unterschiedliche Krankheitsmodelle erklären zudem plausibel, wie Perversionen und sexuelle Funktionsstörungen entstehen.

Diese Erklärungen sind verständlich, richtig und unterliegen der Logik. Trotzdem geschehen sexuelle Verbrechen und

---

42  Originalzitat: „Sexual expression is a fundamental human need, a near-universal experience, a keystone of intimate human relationships and a prerequisite of procreation". Vgl. Anne M. Johnson/Jane Wadsworth/Kaye Wellings/Julia Field: Sexual Attitudes and Lifestyles, London 1994.

43  Originalzitat: „(...) the brain is the ultimate sexual organ: the seat of sexual urges, thoughts, sensations, inhibitions, and behaviours". Vgl. Ernest R. Griffith/Sally Lemberg: Sexuality and the Person with Traumatic Brain Injury. A. Guide for Families, Philadelphia 1993, p. 71.

pornografische Entwicklungen, die anhand psychologischer Konzepte zwar erfasst, jedoch nicht verstanden werden. Würden lediglich ein Hunger und Bedürfnis gestillt werden, genügte ein schlichter Sexualakt. Es passiert jedoch beim Sex mehr, als Psychologen, Mediziner und mittlerweile Kriminologen statistisch erfassen.

Bei der Sexualität erkennen wir das Wesen und die Seele des anderen. Dabei offenbart sich der tiefste innere Kern und in diesem Erkennen sehen wir einen Sinn. Da Sex über Körper ausgetragen wird, kommen wir, ohne viel nachdenken zu müssen, dem jeweils anderen sehr, sehr nahe – hierin liegt eine große Faszination und Verlockung. Verlockung vor allem darin, in dem Kontakt mit der Seele des Menschen auch den eigenen Sinn zu sehen. Verlockung aber auch, mit Körpern aller Art kurzfristig intensiven Kontakt zu haben und die Mühen einer Langzeitbeziehung zu vermeiden. Die Arbeit an einer eigenen sinnvollen Existenz geht jedoch über den körperlichen Kontakt hinaus.

Ich erlaube mir, diesen unmittelbaren Kontakt mit dem tiefsten Inneren eines Menschen, also seiner Seele, während der Sexualität als eine der treibenden Kräfte anzusehen. Wenn dem so wäre, sind folgende Schlussfolgerungen denkbar:

• Liebt man jemanden sehr, so ist die Seele während der Sexualität aufgrund der großen Nähe zu dieser Person leicht sichtbar. Sex bleibt zärtlich, respektvoll, kann in Stellungen und Orten variieren, wird sich aber immer intensiv und sinnvoll zugleich anfühlen. Es kostet viel Zeit und Energie, sich permanent mit dem Partner auseinanderzusetzen und immer das gleiche Spiel aufs Neue zu beleben. Kränkungen der Seele können leicht erfolgen. Das Wissen, dass der Partner es wert ist, dass man sich mit ihm, mit seiner Seele auseinandersetzt, lässt Kränkungen wieder heilen. In keiner anderen Beziehung außer der Ehe darf man gleichzeitig geachtet, geliebt, geschätzt UND beleidigt, gekränkt, gedemütigt werden. Eheähnliche Beziehungen sind natürlich eingeschlossen. Die Art der Beziehung spielt keine Rolle, die Intensität und die Dauer stehen hier im Vordergrund.

- Liebt man jemand weniger, ist man mehr auf körperliche Intensität und Reize angewiesen, um ebenfalls einen Zugang zum Kern eines Menschen zu finden. Dieses Wildsein mit dem/der anderen wird sich auch wild und gut anfühlen. Nicht selten bewegt es sich in Extremen und an der Grenze dessen, was man wirklich möchte. Ziel ist es ja, die eigenen Triebe, den Wunsch nach Sex auszuleben. Dieses Ausleben, dieser Ausdruck benötigt Bestätigung – eine Art von Bestätigung, die seelischen Bedürfnissen zugrunde liegen. Hier wird vermutet, dass der sexuelle Akt wilder ausfallen wird, um sich selbst mehr zu spüren. Sich selber kann man ebenfalls stärker spüren, wenn der Partner ebenfalls extremer beziehungsweise wilder wird.

- Liebt man jemand gar nicht, sind mehr körperliche Reize notwendig. Hierdurch spürt man sich selbst mehr, indem man ebenfalls einen Zugang zur Seele eines Menschen erreicht oder sogar erzwingt. Dieser Reiz der Befriedigung des eigenen Körpers und damit der Zugang zur Seele des anderen Menschen ist aber nicht nur durch Nähe und Freude des anderen zu erlangen, sondern auch durch Schmerz und Leid. Zugefügtes Leid und Schmerz bieten einen direkten Blick zur Seele des anderen Menschen. Durch diesen Zugang, bei dem der Prozess des Erkennens stattfindet, entsteht ein gutes Gefühl. Der Leiden verursachende Mensch erkennt, dass seine eigenen Bedürfnisse wahrgenommen werden. Die Art der Wahrnehmung, nämlich durch Zwang, Leid und eventuell Gewalt, rückt hier in den Hintergrund. Die Bedürfnisse des anderen Menschen rücken so weit zurück, dass am Leid beziehungsweise am Schmerz, die sozusagen eine Art Nebeneffekt waren, sogar Gefallen entstehen kann. Ein Gefallen und ein „sich erkannt wissen", dem die Seele (die *nicht beachtet* nicht zwischen Richtig und Falsch unterscheiden kann) nicht widerstehen kann. Der Prozess des Erkannt-Werdens und Erkennens ist gelungen auf eine Art und Weise, die keine sozialen Regeln befolgen musste. In dieser tatsächlich erfolgten körperlichen Befriedigung und kurzen scheinbaren Befriedigung der Existenz zu einem sinnvollen Dasein liegt die Ursache für den anhaltenden und steigenden Missbrauch von Sexualität. Einer auf Logik aufgestellten Weltorientierung mit gebildeten Menschen ist dieses Verhalten nicht erklärbar. Das Gefühl danach wird sich für den Schmerz-Verursacher mächtig gut bis zu mächtig erschreckend anfühlen. Der Verstand ist diesem Verhalten gegenüber machtlos und sucht bestenfalls nach Erklärungen. Der mit Schmerz erfüllte Mensch wird wie nach jedem schweren Schicksalsschlag darum kämpfen müssen, wieder Freude und einen Sinn im Leben zu empfinden.

Die Gefahr, die Sexualität somit in sich birgt, ist auch ihre Stärke, nämlich der direkte Zugang zur Seele des Menschen. Scheinbar ganz ohne den Verstand zu brauchen, ohne lesen und schreiben zu müssen. Eine fatale Abkürzung, die das Wesen eines Menschen, seine Seele zeigen und hierdurch mit der sinnvollen Existenz des Lebens verwechselt werden kann. Diese Gefahr lässt erkennen, weshalb Liebe eine bedeutende Rolle in sexuellen Beziehungen hat. Sex zu haben mit der Person, die man liebt, befriedigt nicht nur körperliche und geistig-psychische Bedürfnisse, sondern lässt die Seele wissen und spüren, dass das Dasein des Partners gut und sinnvoll ist. Gut und sinnvoll nicht allein des Körpers oder des Verstandes wegen. „Liebe und tue, was du willst" (Augustinus) wird aktueller denn je.

# Das Ziel erreichen – glücklich sein?

Was gibt die Möglichkeit, um die Frage nach der Essenz im Leben, nach dem Platz, den die Seele sucht, zu beantworten? Wie kann man lernen, an so etwas zu denken? Und wozu ist es notwendig, an so etwas wie Seele zu denken? Es gibt in den meisten Leben, einschließlich meines eigenen, genug Probleme, die wichtiger erscheinen, als an so etwas zu denken. Als an das Glück und die Selbstverwirklichung im Leben. Zuerst eine Basis schaffen, einen Beruf ergreifen, Geld verdienen, und dann das Glück suchen. Doch genau in diesen Beschäftigungen des Alltags ist es sehr leicht möglich, das Wesentliche zu vergessen. In dem Schaffen einer Basis, im Erledigen von Dingen, die getan werden müssen, ohne dies zu wollen, liegt sprichwörtlich die Gefahr, den Willen zu ermüden und täglich müde einzuschlafen, ohne das zu erledigen, was man tun wollte. Man verlernt darauf zu achten, was man möchte, denn der Verstand stellt die Aufgaben, die erledigt werden müssen, um den Alltag – nach den Regeln des Verstandes – zu bewältigen.

Das Beispiel eines *perfekten Lebens* soll zeigen, was ich meine: *Ich stelle mir vor, ich erreiche, was ich will. Ich kann es mir also leisten, nicht mehr nachzudenken, was ich zahlen muss. Ich habe die Autos meiner Träume, meine Kinder besuchen eine Schule, von der ich glaube, dass sie die beste ist, ich werde geliebt und ich liebe, ich arbeite nicht, weil ich muss, sondern will, ich fahre auf Urlaub, wann und wohin ich will. Ich esse, wo und was ich will, egal wie viel es kostet. Ich spende Geld, um die Armut zu mildern, und ich finanziere Opernhäuser, Theater und Künstler. Ich kann es mir leisten, Muskeln anzutrainieren und gesund zu leben. Im Krankheitsfall suche ich mir meinen Arzt aus. Dieser ist natürlich kompetent und warten lässt er mich auch nicht. Ich bleibe trotzdem bescheiden, höflich, respektvoll und liebenswert.*

Dieses kleine Beispiel soll einige Fragen aufwerfen. Es soll vor allem Glück, Lebensziel und Lebensgrund voneinander sichtbar trennen.

- Klingt dieses Leben schön? Ja, das klingt nach einem sehr schönen, relativ sorglosen Leben, also wirklich gut. Es gibt einen Geschmack von Freiheit und verspricht ein glückliches Leben. Es klingt jedoch noch nicht nach einem mit Sinn erfüllten Leben. Trotz der Kinder und Familie, trotz der Freiheit und Unabhängigkeit. Es wäre leider ein Trugschluss, zu sagen, meine Kinder erfüllten mein Leben mit Sinn. Mit Aufgaben und Verantwortung ja, aber mit Sinn noch nicht. Fixierte ich mich auf die Kinder und glaubte, das gäbe meinem Leben Sinn, würde ich mich selbst vergessen. Ich würde beginnen, das Leben meiner Kinder zu bewerten. Wären diese erfolgreich, in einer glücklichen Beziehung mit regelmäßigen Besuchen, so wäre alles in Ordnung. Und würde ein Kind krank werden, schlimm werden, drogensüchtig oder depressiv und ein Versager, würde ich mich dann erst fragen, ob das Ganze überhaupt Sinn macht? Die Frage, ob sinnvoll oder sinnlos, muss immer gestellt werden, auch wenn ein Kind erfolgreich, glücklich und reich wäre. Es sind also nicht die traditionellen Werte der Kernfamilie, die ein Leben sinnvoll machen. Nämlich jeder Einzelne in einer Familie hat sein sinnvolles Leben zu finden. Es wäre nur unfair, den eigenen Sinn in das Dasein eines Familienmitgliedes zu legen. Die Essenz des Lebens, die Sinngebung eines Lebens ist anhand dieses Beispiels noch nicht ersichtlich – obwohl die Umstände es erlauben würden.
- Welchen Wert verspricht so ein Leben? Auf jeden Fall ist man anhand dieses Beispiels begehrt. Man kann ein VIP werden, kann es sich leisten, neben den Millionären in der Oper zu sitzen. Man fährt mit dem Rolls-Royce zur Arbeit, kann ganz oben mitspielen, wenn man will. Man kann es sich aber auch leisten, ein kleines unauffälliges Leben zu führen. Kann dann schlafen, solange man möchte, und muss nichts tun. Man hat schließlich die Wahl. Es entstehen mehr Chancen bei der Partnerwahl. Ein Leben ohne soge-

nannte existenzielle Sorgen ist begehrter als eines mit vielen Sorgen um das tägliche Überleben. Man ist dann wertvoll und stellt etwas dar auch ohne viel Arbeit. Was ich dann darstelle, fragt keiner mehr, ich bin ja Millionär. Das Wissen und das Können rücken in den Hintergrund, der Platz im Leben, die Kontakte und die erreichbaren Möglichkeiten werden wesentlich. Es verspricht also ein Leben mit weniger Kampf um den Platz, weniger Kampf um den Respekt. Das reiche ICH hat es scheinbar leichter, sich zu behaupten.

- Was darf ich dann noch hoffen? Wozu soll ich viel lernen, mich quälen, durchhalten? Dass ich wertvoll bin, wird dann täglich bestätigt. Wichtig wird, dass alle gesund bleiben, keine Katastrophe passiert, die Kinder brav lernen. Doch wofür? Damit einmal mein Besitz von ihnen verwaltet werden kann? Das allein wäre zu wenig. Für jeden von uns. Weitergegeben wird zum Glück viel mehr als Besitz und Vermögen, und dafür lohnt es sich zu leben. Es werden nämlich auch Ideale, Ziele, Wissen, soziale Kontakte und eventuell Einfluss weitergegeben. Und damit auch die Möglichkeit, einmal einen Sinn im Leben zu finden.

Was kann man diesem kurz dargestellten *idealen Leben* entgegenhalten? Was ist gleichwertig? Ist es wichtig, zwischen Glück im Leben und Zielen im Leben zu unterscheiden? Was muss vorhanden sein, damit ein Mann oder eine Frau sagt, auf so ein perfektes Leben kann ich verzichten?

Es ist die sogenannte Essenz im Leben – das, was es lebenswert macht, sinnvoll erscheinen lässt –, die das Streben nach Glück aufrechterhält. Ein Leben ohne sinnvolles Streben, ohne Antrieb ist ohne Glück. Reichtum und Einfluss ermöglichen einen Konsum, der kurzfristig Glück bringt, der aber das Streben nach Etwas in eine sinnlose Richtung lenkt. Das Kaufen von wertvollen Gegenständen und aufregenden Erlebnissen bringt nur so lange Befriedigung, solange ein Wert damit verbunden wird. Werte unterliegen aber der Zeit und dem Wandel. Ständig sich ändernde Moden widerspiegeln diese Änderung und auch das Prinzip des Miteinander-Konkurrierens. Sobald alle Menschen haben, was ich habe, verliert dies an Wert.

Ein sinnvolles Leben ist immer noch das erstrebenswertere. Dafür lohnt es sich zu kämpfen. Das hängt stark damit zusammen, sich behaupten zu müssen. Je weniger man auf seinen Platz, seine Position, sein Können oder Wissen hinweisen oder den anderen erklären muss, desto mehr Platz, Position, Wert, Respekt ... wird einem gegeben. Wenn es um den Sinn, die Seele oder Essenz im Leben geht, gilt nämlich immer: Mein Platz ist ganz oben. Und das gilt für alle! Dort stehen alle nebeneinander in der ersten Reihe.

Während der Kern des Menschen, sein Antrieb, sein Motor, sein Ich beziehungsweise das, was ich Seele nenne, immer gut ist, verhält es sich mit Werten und Wertträgern anders. Hier fragt man sich, inwieweit man diese unterstützen kann, soll, darf.

Ziel der Psychologie ist es, kognitive Leistungen zu erfassen und zu fördern sowie menschliches Verhalten derart zu gestalten, sodass es möglich wird, ein glückliches Dasein zu erleben. Im Grunde genommen funktioniert der Mensch dann am besten, ist am leistungsfähigsten und am glücklichsten, wenn der Grund seiner Existenz als sinnvoll und gut bewertet werden kann – oftmals unabhängig von seinen Leistungen. Dieser Kern darf bei psychologischer Behandlung und Diagnostik nicht vergessen oder ignoriert werden.

Auf der Suche nach dem Glück und nach einem wertvollen beziehungsweise erfüllten Leben dürfen der Alltag und die Realität nicht ausgeschlossen werden. Das Glück ist nicht immer oder nicht gleichzeitig lustig. Auf der Suche nach seelischen Bedürfnissen, nach sinnvollen Tätigkeiten und Inhalten zu sein bedeutet nicht, dass scheinbar sinnlose Tätigkeiten nicht mehr verrichtet werden müssen. Ein Haushalt wird weiterhin zu führen sein. Wäsche waschen, Aufräumen, Kinder erziehen, Arbeiten, das alles ist und bleibt notwendig.

# Anforderung des Lebens an Körper, Psyche, Seele

Die Bedürfnisse der Seele oder des Kerns des Menschen können in jedem Alter berücksichtigt und gefördert werden. Dies geschieht durch das Achten auf Liebe, Zuneigung, Interesse, Neugierde, Menschlichkeit, Freude, Leid, Schmerz, Aggression. Nur wenn jede dieser Neigungen, Gefühle, Empfindungen an sich unvoreingenommen zugelassen wird, kann eine Integration dieser Gefühle, Neigungen etc. in einen sozial erstrebenswerten Alltag gelingen. Die Berücksichtigung seelischer Bedürfnisse kann nur gleichzeitig mit der jeweiligen körperlichen und psychisch-geistigen Entwicklung erfolgen.

Der letzte große Wertewandel der 68er-Generation hat, wie in dem Kapitel der Werteordnung beschrieben, zur Folge, dass Unklarheit darüber besteht, was nun gut und was schlecht sei. Die Anforderungen an ein erfülltes Leben ergeben sich nicht mehr aus der sozialen Position heraus, sondern werden anhand von Werten vermittelt. Altersgerecht aufgeteilt, erfolgt die Wertevermittlung heutzutage in einem großen Ausmaß über Fernsehsendungen, Pop-Idole und über die Werbung.

Die Bedürfnisse von Körper und Psyche/Geist unterliegen wie jene der Seele der Zeit.

## Anforderung/Bewertung von Kindheit

Die kindliche Zeit gibt der Entwicklung Raum. Der Platz in der Gesellschaft wird erstritten und mithilfe von Eltern erkämpft. Ein Kind lernt die Grenzen von Körper und Geist spielerisch kennen, entwickelt Interesse und Fähigkeiten, um entstehende Neugierde zu befriedigen. Der Einsatz des Körpers als Schmuckmittel zur sozialen Positionierung existiert noch nicht. Bei den Eltern von Kindern ist die Bedeutung des Körpers sehr wohl im Kopf, zum Beispiel in Form von Sorgen, ob Ohren und Nase zu groß sind, oder in Form von Hoffnung, dass sich dieser oder jener kleine Mangel auswachsen werde. Eltern wissen, dass ein ästhetischer Körper die soziale Integration ohne große Konflikte ermöglicht. Ein Platz in der Gesellschaft wirkt hierdurch wahrscheinlicher und erlaubt, solche Sorgen nicht mehr zu haben. Ein hoher Intelligenzquotient, sichtbares Talent und geistige Zielstrebigkeit tragen ebenfalls zu weniger Sorgen der Eltern bei, auch hier ist der Platz im Leben scheinbar gesichert. Eine Förderung und Entwicklung, viel Kontrolle und Zuwendung erfolgen zumeist nur in Bereichen, die gefühlsmäßig mit Sorgen oder Hoffnung besetzt sind.

Die kindliche Entwicklung jedoch geschieht spielend. Genau dieser Entwicklungsprozess, der die Bedürfnisse der Seele erfüllt, wird wenig beachtet. Das Kind spielt nur, heißt es dann. Dass aus diesem Entwicklungsprozess heraus ein Platz im Leben geschaffen werden kann, darf man sich aber bei jedem Kind vorstellen, unabhängig davon, ob groß oder klein, behindert oder normal. Die Folge von Sorgen um das Wohlergehen eines Kindes, gleich ob behindert oder nicht behindert, kann auch dazu führen, dem Kind täglich Kurse, Reitstunden, Sporteinheiten etc. zukommen zu lassen. Jedoch nur die übertriebene Anzahl an Kursen und Förderprogrammen verhindert eine freie Entwicklung von Neugierde und Interesse. Das Buch „Der Preis der Privilegien" von Madeline Levine (2006) beschreibt eindrucksvoll, wie und weshalb dieser Kurs-Konsum dazu führt, dass ein selbstständiges Erarbeiten von Zielen und Aufgaben verhindert wird und so der Eindruck von Sinnlosigkeit entsteht. Es besteht somit viel eher die Gefahr, dass die Motivation im Leben mangels fehlender Ziele in unterschiedlichen

Lebensbereichen abhandenkommt. Es soll nicht der Eindruck erweckt werden, dass kindliche Förderprogramme Schaden anrichten. Ich will lediglich darauf hinweisen, dass zu viel Förderung von außen jegliche Impulse, die von innen herrühren, unterdrücken kann. Insofern kann bei Kindern auch Langeweile als positiv erachtet werden, da hierdurch die Möglichkeit gegeben wird, innere Impulse wahrzunehmen und irgendwann umzusetzen. Angenehm ist Langeweile nicht, zum Glück.

## Anforderung/Bewertung von Jugend

Die Zeit macht aus Kindern Jugendliche und eine körperlich-geistige Identität entsteht, ein neues Selbstbild oder ICH. Identitäten orientieren sich an männlich-weiblichen Geschlechtsverteilungen. Der Orientierungsprozess erfolgt anhand äußerer körperlicher Merkmale oder anhand geistiger Fähigkeiten und Leistungen. Im Jugendalter beginnen der Körper und/oder die geistigen Fähigkeiten an sozialer Bedeutung zu gewinnen und damit im Mittelpunkt des Lebens zu stehen. Freunde orientieren sich aneinander, es gibt nur cool oder uncool. Was das jeweils andere Geschlecht von einem denkt, wird wichtiger. Ein Bub beginnt sich als Mann zu entwickeln, ein Mädchen als Frau. Das Selbstbild als Mann oder Frau erhebt den Anspruch, auch als Mann oder Frau erkannt und behandelt zu werden. Dieser Prozess, der bereits in der Kindheit begonnen hat, erlangt Bedeutung. Nicht nur, was andere von einem denken, wird wichtig, sondern auch der Umstand, dass es jemanden geben muss, der die Art, wie man ist, gern hat und liebt. Liebe und das Bedürfnis nach Zärtlichkeit und Sexualität entstehen. In Liebe und Sexualität tritt das, was einen Mann/eine Frau ausmacht, somit der Kern der eigenen Identität, in den Vordergrund.

Hier treffen zwei Fragen aufeinander, die oft im Erwachsenenalter noch ein Problem sein können:

1. Wie verhalte ich mich so, dass ich als Mann/Frau geliebt werde? Wie viel Liebe, Zärtlichkeit, Sex ... darf ich geben?
2. Wie verhalte ich mich, dass ich respektiert und geachtet werde? Das heißt, wie viel Liebe, Zärtlichkeit, Sex ... darf ich erwarten?

Bei der Beantwortung dieser Fragen kommt der Seele ebenfalls Bedeutung zu. Wen liebt man noch nach 30 Jahren Ehe, wenn diese Person anders aussieht? Konzentriert man sich nämlich in dem Bereich Liebe, Sex und Zärtlichkeit auf rein körperliche Merkmale, folglich auf die Befriedigung rein körperlicher Bedürfnisse, so findet ein Wiederholungsprozess statt, der dem Phänomen Zeit nicht gerecht wird. Mit einem gewissen Alter wird man zunächst die Ansprüche an ästhetische Aspekte des Partners stellen, was dazu führen wird, Partner mit sogenannten Traumkörpern zu suchen. Stellt man sich selbst körperlich in den Vordergrund und bemerkt ästhetische Defizite oder gar Alterserscheinungen am eigenen Körper, so kann es passieren, dass man sich selbst nicht mehr attraktiv findet und sich deswegen dem Partner verwehrt. Das, was den Menschen ausmacht, seine Seele, muss gefunden und erkannt werden, um Veränderungsprozesse von Körper und Geist überwinden sowie Ziele und Ideen weiterverfolgen zu können.

Die Konzentration auf geistige/psychische Fähigkeiten bringt dasselbe Problem mit sich wie der Fokus auf den Körper. Auch die Psyche unterliegt dem Phänomen Zeit. Man denkt nicht nur anders als Jugendlicher, man fühlt auch anders.

In der Entwicklung vom Kind zum Erwachsenen kreiert man Vorstellungen darüber, wie man sein will, wie ein angenehmer, typischer und positiver Lebensalltag aussehen mag. Ob typisch, ob routinemäßig und sogenannt alltäglich, sei dahingestellt – jedenfalls werden Ideen entwickelt, wie man leben und seinen Tag gestalten möchte. Diese Ideen reifen im Laufe der Zeit und der Erfahrung zu fixen Vorstellungen heran. Diese wiederum bieten sogenannte Anhaltspunkte, an denen man sich orientiert. Schafft man es, nach diesen Vorstellungen zu leben, so kommt das Gefühl des Erfolges in einem auf. Schafft man es nicht, wird dies entweder als Misserfolg empfunden oder die Idee als falsch bewertet.

Die Anforderungen an erwachsene Menschen sind ohne Trennung zwischen Mann und Frau nicht vorstellbar. Das Ziel von Glück und einem erfüllten Leben ist mit Eigenschaften und Funktionen verbunden, die eine Geschlechtertrennung erfordern.

## Anforderungen an den modernen Mann

Die Anforderungen an den erwachsenen modernen Mann werden gesellschaftlich vorgegeben und in Medien wie TV, Glamour- und diversen anderen Magazinen dargestellt. Neben den Äußerlichkeiten, den Ansprüchen an Körper, Materie, Beruf, Stellenwert in Gesellschaft, stehen innere Werte wie Ehrlichkeit, Treue, Verlässlichkeit, Klugheit etc.

Einzelne Helden, die inneren und äußeren Wertigkeiten gerecht werden, wie zum Beispiel James Bond, Captain Jean-Luc Picard ..., gibt es in Wirklichkeit nicht und sind durch unterschiedliche Schauspieler verkörperbar. Somit kann auch jeder von uns optimal in diese soziale Rolle schlüpfen. Die Verbindung zwischen äußeren Werten wie Muskeln, Größe, Schönheit und inneren Werten erfolgt durch sich wiederholende Verhaltensweisen sowie Statussymbole. Letztere dienen uns allen zur Orientierung und helfen bei der Suche nach einem geeigneten Platz in Gesellschaft und Beziehung. Es werden somit indirekt Werte von Vorbildern erworben, kopiert beziehungsweise angeeignet, wenn nicht durch den Beruf, so doch zumindest anhand derselben Statussymbole wie Körper, Schuhe, Anzug, Auto, Uhr, Drink und ähnliche Verhaltensweisen, wie diese Helden in Filmen vorzeigen. Ein Wert muss hierdurch nicht von der eigenen Psyche gebildet werden, er wird erkauft und vorgelegt. Das genügt jedoch. Den gesellschaftlichen Ansprüchen kann durch soziale Vorbilder jener Art Rechnung getragen werden. Diese Art von Ansprüchen wird also von außen an uns herangetragen. Hieran kann man sich orientieren und mitspielen oder nicht. Innere Werte freilich benötigen mehr Energie und Überlegung als käufliche und kopierbare Symbole, die an Sprüchen und Accessoires kleben.

Erwachsen sein bedeutet immer auch, typisch männlich oder weiblich zu sein/werden, ein Geschlecht zu haben. Und damit für das gleiche oder jeweils andere Geschlecht attraktiv, anziehend zu sein. Sexuell also in irgendeiner Form, ob asexuell, homosexuell, bisexuell, heterosexuell, metrosexuell etc. Doch wie wird man für die jeweilige Präferenz anziehend?

Lebe schwul, aber sei's nicht! Ein Beispiel für einen der zahlreichen Ratschläge für uns Männer. Wir sollen uns also pflegen, zurückhaltend sein, nett benehmen und gleichzeitig Frauen begehren.

Doch wie verhält es sich mit seelischen Entwicklungen und Bedürfnissen in jenen Lebensbereichen, die auf Liebe, Verständnis, Zärtlichkeit und Sexualität aufgebaut sind? In diesen Lebensbereichen gibt es ebenfalls Ideale und Vorstellungen, wie Mann sein soll. Doch woran soll und kann man sich hier orientieren?

Ich erlaube mir zu behaupten, dass man sich nur dann in diesen Angelegenheiten an Vorbildern orientieren muss, wenn man sich seiner SELBST nicht ganz sicher ist. Wenn man versucht, Verhalten zu kopieren, um dem oder der anderen das geben zu können, was alle anderen Männer auch geben – aber eben noch etwas besser als alle anderen. Noch verständnisvoller, noch liebevoller, noch zärtlicher und schließlich beim Sex noch länger, noch härter, noch größer und noch wilder, extremer, einzigartiger ... Es gibt Wissenschaftler, die behaupten, der Pornofilm wäre der meist nachgemachte Film von allen. Würden wir Männer auch Helden in Kriegsfilmen derart kopieren, so müssten wir täglich Tausende erschießen. Solange ein Sex- oder Pornofilm einfach zum Spaß angesehen wird und hiervon keine Anforderungen an Stellungen, Verhalten etc. von Männern oder Frauen entsteht, stellt auch diese Filmkategorie keine Gefahr für seelische Bedürfnisse dar. Beginnt man aber, sich daran zu orientieren und sich oder Partner/in zu vergleichen, so stehen die Bedürfnisse der Seele im Hintergrund. Der Kern des Menschen, die Seele, die Liebe geben und bekommen will, die Freude, Neugierde und Interesse in sich birgt und dies erleben möchte, läuft Gefahr, dem scheinbaren Leistungsdruck beim Sex, der Stellung sowie der Körperlichkeit zum Opfer zu fallen. Und damit auch sämtliche mit diesem Akt zusammenhängenden Gefühle. Die emotionale Sensibilität für Nähe und Distanz, für Liebe und Eifersucht, für Befriedigung und Zufriedenheit mit dem Selbst kann der Rollenverteilung von Sex- und Pornofilmen zum Opfer fallen. Und das nur, weil scheinbar rein körperliche oder rein geistige Fantasien befriedigt werden wollen.

## Anforderungen an die moderne Frau

Die Anforderungen eines wertvollen Daseins für eine erwachsene moderne Frau werden ebenfalls gesellschaftlich vorgegeben und vorwiegend in Medien wie TV, Glamour- und Schmutz-Magazinen vermittelt. Auch Frauen werden mit äußerlich-körperlichen und innerlich-psychisch/geistigen Werten konfrontiert. Der idealisierte Körperbau einer Barbie-Puppe oder die Augen eines Manga-Girls stimmen nicht mehr mit der Realität überein. Die Schönheitschirurgie steht hier nicht mehr vor der Aufgabe, einen idealen Körper im Sinne des Goldenen Schnitts beispielsweise zu bearbeiten, sondern einen unnatürlichen Körper zu erschaffen.

Einzelnen Heldinnen, anhand derer innere und äußere Wertigkeiten vermittelt werden, wie zum Beispiel Barbie, Lara Croft ..., kann dementsprechend schwieriger entsprochen werden.

Der Realität näherkommende Wertvorstellungen zielen primär auf den Körper einer Frau ab. Eine Studie von Petra Boynton aus dem Jahr 2001 beschreibt, welche Ratschläge Frauen in Zeitschriften wie „She", „Vogue", „New Women" gegeben werden, um eine gute Beziehung zu führen, um Männer in Beziehungen zu halten ... und um Männer in Haus und Garten fleißig zu halten. Beispielhaft sei folgender Absatz erwähnt:

*„Die meisten gut funktionierenden Beziehungen sind erfolgreich, weil sie auf Selbst-Aufopferung basieren: ‚Sehr oft ist Sex eine Art Tauschhandel, bei dem man für das Funktionieren der Beziehung auch mal Dinge tut, die man sonst nicht tun würde. So ist es beispielsweise eine aufopferungswürdige Handlung, wenn ER in IHREN Mund kommt, solange er auch bereit ist, SIE dort unten zu verwöhnen' (She, Oktober 2000, S. 92). Während in diesem Beispiel Sex gegen Sex getauscht wurde, wird in anderen Artikeln erwähnt, dass Sex dazu eingesetzt werden kann, Geschenke zu erhalten, oder dass der Mann hierdurch einmal einkaufen geht oder im Haushalt behilflich ist".* (aus: Wie erschaffe ich meinen Sex-Sklaven?, „New Women", November 2000)[44]

Alle psychisch-geistigen Werte, die eine ideale Frau symbolisieren, beziehen sich äußerlich auf sogenannte alte/

---

44 Originalzitat: „most well-adjusted relationships are successful because they are actually quite self-sacrificing: ‚A lot of the time, you are trading sexually something you dislike a little for the benefit of the relationship. So letting him come in your mouth may be a worthwhile sacrifice – as long as he's prepared to go down on you as part of the bargain' (She, October, 2000, p. 92). In this example a sexual benefit was cited, but in other articles the reader was informed that pleasing a partner can persuade him to buy gifts, do the shopping, or help out around the home" (Design your own sex slave, New Woman, November 2000).

klassische Werte wie Liebe, Tapferkeit, Fleiß, Disziplin. Gleichzeitig bestehen innerlich die neuen Werte wie Emanzipation, Freiheit, Selbstbestimmtheit. Nach außen hin scheu tun, um sich das zu holen, was man braucht.

Körperlich-materielle Werte sind ebenfalls darauf ausgerichtet, etwas zu erreichen, meist jedoch nicht eine Bedürfnisbefriedigung oder gar einen Lebenssinn. Diese Werte dienen der Beschaffung eines Mannes, um gesellschaftlich gut dazustehen. Die richtige Beleuchtung und die richtige Position im Bett werden beschrieben, um den Wert einer schlanken, verführerischen Frau optimal zu vermitteln. Zu den Aufgaben einer Frau zählt zusätzlich, viel mehr als Männer sogenannter Objektträger wertvoller Accessoires zu sein. Diese Symbole sind sowohl eigenständige Gegenstände wie Diamanten, Ohrringe, Uhren, Handtaschen, Strumpfhosen, Pelzmäntel etc. als auch Gegenstände, die den Körper verändern: Lippenstift, Puder – Schminkzeug aller Art.

## Anforderungen an den älteren Menschen

Bei den Anforderungen und Bildern, die ein alter Mensch erfüllen beziehungsweise denen er entsprechen muss, wird zwischen Männern und Frauen wieder weniger differenziert. Das Wort Pensionist oder Rentner erfasst beide Geschlechter. Die Bedeutung von körperlichen Fähigkeiten sowie die Leistungsfähigkeit psychischer Parameter treten in den Hintergrund. Neben den materiellen Gütern haben Persönlichkeitseigenschaften wie Verständnis, Liebe, Gütigkeit, Tapferkeit und Wissen einen hohen Wert. Das Verständnis für Verhaltensweisen (einschließlich Naivität und Dummheit) von Menschen der Jugend geht mit dem Wert der Hilfsbereitschaft einher. Aber auch körperliche Zustände und psychische Erscheinungsformen wie Krankheit, Schmerz, Trauer, Depression, Vergesslichkeit stellen Eigenschaften dar, die zum Alter dazugezählt werden. Während ein junger Mensch, der von Krankheit, Vergesslichkeit und Depression gekennzeichnet ist, einer gesellschaftlichen Abwertung unterliegt, erfolgt dieser Prozess der Abwertung bei einer alten Person weit weniger. Im Alter kommt das vor. Die Suche nach dem Sinn des Lebens oder nach einem Inhalt unter anderem durch angebotene Hilfe und durch das Mitleben mit Kindern und Enkelkindern wird als negativ bewertet. Selbstständigkeit und Sinnhaftigkeit werden angenommen, erwartet und positiv bewertet.

## Fazit

Anhand dieser plakativen Darstellung von Anforderungen und Werten in unterschiedlichen Lebensabschnitten soll gezeigt werden, wie absurd das ausschließliche Verfolgen äußerlicher Werte wird.

Doch wir verfolgen Werte. Wir müssen Werte verfolgen und vertreten. Einen wertfreien Raum gibt es nicht. In Kombination mit Gefühlen bilden Werte den eigentlichen Wegweiser für „richtiges" und „falsches" Verhalten. Zahlreiche Werte oder Wertvorstellungen sind von Natur aus an jeweilige Entwicklungsschritte von Körper und Psyche/Geist gebunden. Das heißt, ein jugendlicher Körper verkörpert den Wert der Jugend. Das Bild passt. Heutzutage werden jedoch Werte mit allen Mitteln verfolgt, scheinbar unabhängig von Natur, Entwicklung oder Zeit – Jugend als Wert? Ein alter Körper kann den Wert von Jugend nicht verkörpern. Junggebliebenes Denken im Sinne von starkem Streben, neugierig sein, wissensdurstig, weltoffen und suchend – das ja, aber den körperlichen Wert hiervon kann ein alter Körper nicht darstellen.

Auch das Alter, ein vorangeschrittener Entwicklungsprozess, stellt einen eigenen Wert dar: Vor allem die Annahme, dass mit dem Alter auch der Grund des Daseins, das Ziel unserer Existenz und damit verbunden der Wert unseres Lebens bekannt ist, zeigt, dass seelische Bedürfnisse berücksichtigt werden müssen. Das Verfolgen dieser oben dargestellten Werte und Ziele erklärt nicht hinreichend den Grund für ein erfülltes Leben.

## Konflikt zwischen Anforderung/Wert und Gefühl

Angesichts der zuvor plakativ dargestellten Wertvorstellungen muss man sich nun die Frage stellen, wie man mit Körperteilen und menschlichen Eigenschaften umgeht, die diesen Werten und Anforderungen widersprechen. Welche Aktionen und Handlungen darf man ausführen? Darf man Körperteile, die diesen Werten nicht entsprechen, wertschätzen und belohnen? Darf man beispielsweise auf einem zu dicken Bauch berührt werden? Darf einem das gefallen? Wie weit kann man da gehen? Bin ich pervers oder habe ich einen Fetisch, wenn ich das nicht nur angenehm, sondern sogar schön und lustvoll finde?

Während Handlungen und Aktivitäten die Eingliederung in die Gesellschaft betreffen, beziehen sich Anforderungen an den eigenen Körper unmittelbar auf den eigenen Wert.

## Darf sich ein ungeliebter Körperteil wohlfühlen?

Betrachtet man Körper oder Verstand als einen Wertgegenstand innerhalb unserer Gesellschaft, so wird dieser wie ein Objekt durch Schaden und Unvollkommenheit im Wert gemindert. Diese sogenannte Wertminderung kann man anhand des natürlich bestehenden Alterungsprozesses täglich beobachten. Es entsteht somit der Eindruck beziehungsweise das Gefühl, dass der Körper wirklich weniger wert wird, wenn wir auf derzeit gängige Wertvorstellungen achten. Wir bekommen tatsächlich das Gefühl, in einem minderen Körper zu wohnen, indem wir uns an Models und anderen Vorbildern orientieren und nicht in einem vergleichbaren Körper wohnen. Verlässt man sich auf sein Gefühl, so gilt folgende Argumentation: Wenn ein Gefühl immer richtig ist und ich meinem Gefühl vertrauen muss, so kann ich zu Recht meinen Körper verstecken und mich auf geistige Leistungen konzentrieren.

Berücksichtigt man die Existenz seelischer Bedürfnisse und orientiert man sich daran, so kommt eine andere Frage in den Kopf: Was für ein Wert sagt, dass Altern etwas Negatives ist? Und wenn Altern nicht negativ ist, dann sind Falten und andere Begleiterscheinungen ebenfalls nicht negativ. Unangenehm vielleicht, aber nicht schlecht.

Gefühle entstehen nicht von ganz allein, Gefühle kann man beeinflussen, unter anderem durch die Art des (unbewussten oder bewussten) Bewertens oder aber durch das Denken. Im Fall der Wertschätzung des eigenen Körpers müssen Gedanken und Gefühle anhand seelischer Bedürfnisse bewertet werden. So wird es möglich, alle Stellen des eigenen Körpers zu achten und zu schätzen. Dann wird es nicht mehr passieren, dass eine körperliche Berührung von einer geschätzten Person nur so lange angenehm ist, solange nicht ein Teil berührt wird, der als zu groß oder zu fett eingestuft wird, wie zum Beispiel eine Falte des Bauches oder Schenkels oder eine zu große Nase etc. An sich wären auch Berührungen dort angenehm, aber wegen des Vergleiches an bestehenden Werten wird diese Berührung als unangenehm empfunden. Wir müssen lernen, auch Gefühle, Gedanken und dort erfolgte gesellschaftliche Bewertungen in Verbindung mit der Seele zu betrachten. Sonst werden das Kümmern um den Körper und das richtige Aussehen zur Lebensaufgabe und zum Lebenssinn.

## Was verspricht ein schöner Körper?

Ein schöner Körper ist der erste Schritt für einen guten Platz in unserer Gesellschaft. Wenn man zusätzlich gescheit ist, dann hat man die besten Chancen auf ein gutes Leben – voll von Liebe, Freunden, Abenteuer, Romantik, Sex, Sinnhaftigkeit und keine Langeweile. Davon träumt man im Leben, deswegen ist jemand, der diesem Image entspricht, wertvoll und begehrt. Geld gibt eine zusätzliche Aufwertung. Viel Geld und eine gute (im Sinne einer einflussreichen beruflichen) Position stehen mit einer noch höheren Bewertung in Verbindung.

Ein schöner – bei Männern muskulöser, bei Frauen schlanker – Körper ist einer, der etwas leistet. Und das inmitten unserer Genuss-Gesellschaft! Während schwere körperliche Tätigkeit sowie viele Handwerksarten gesellschaftlich niedriger bewertet werden als akademische Berufe, stehen doch die körperlichen Merkmale gesellschaftlich betrachtet höher. Ein Widerspruch in sich. Klischeehaft darf ich hier erwähnen:

Muskeln bei Männern deuten auf Disziplin, Verlässlichkeit, Wertschätzung des Körpers, Bemühen, Kraft, Macht, Stolz und Zielstrebigkeit hin. Mit all diesen Werten und Eigenschaften signalisiert man den Stellenwert, den Mann gerne hätte, um Frau und Kollegen zu imponieren. Bei Frauen sind ein verführendes Verhalten, ein erotischer Augenaufschlag, ein schlanker, fitter Körper, eine schicke Frisur und adrette Kleidung die Art und Weise, die auf ein begehrenswertes Wesen hindeuten. Gesunde Kinder, die brav sind, erhöhen ebenfalls den Stellenwert in der Gesellschaft, dann aber zusätzlich als Mutter.

Nun sind wir leider nicht alle wunderschön. Der sogenannte schöne Körper kann, wenn er nicht von Gott gegeben schön ist, durch Kleider, Ringe, Juwelen, Uhren, Luxusautos und andere Accessoires verschönert werden. Auch diese Accessoires machen einen Körper wertvoller und zielen dadurch auf das Einlösen des erhofften guten Lebensstils ab. Ein schöner Körper erhöht also den Marktwert – beruflich, privat (familiär) und gesellschaftlich.

In Österreich wird dieser sogenannte Marktwert in Form von Geld bewertet. Von einem Patienten konnte ich lernen, dass er nach einer Amputation des Beines von seiner Versicherung wegen herabgesetzter Heiratsfähigkeit 6000 Euro erhalten hat. In einer Konsum-Gesellschaft wie unserer, in der sogar aus juristischer Sicht die Heiratsfähigkeit von körperlicher Schönheit und Vollkommenheit abhängt, muss der Platz für die Seele, die die Essenz des Menschen ausmacht, erst mühsam geschaffen werden.

Es ist klar, dass es eine enorme geistige Anstrengung darstellt, sich dies alles auch als mittelloser Mensch mit einem nicht von Natur aus schönen Körper ohne jegliche Accessoires zu erlauben. Jemand mit einem Körper, mit dem man sich weniger gern identifiziert, beispielsweise mit dem Körper des Glöckners von Notre-Dame. Der bewirkt automatisch einen „geringeren" Wert innerhalb der Gesellschaft. Kulturelle Nor-

men und Werte inklusive Werbung und wirtschaftliche Denkweisen verbinden nämlich Glück und das schöne tolle Leben
mit Leistung und Geld. Diese wirtschaftliche Denkweise führt
dazu, dass man nicht zuerst ein sinnvolles glückliches Leben
anstrebt, sondern beinahe automatisch glaubt, Glück komme
mit Wohlstand, Wert und einer tollen Anstellung. Somit konzentrieren wir uns von Kindheit an darauf, wie wir Wohlstand
erreichen, unabhängig davon, was wir auf dieser Erde erleben
wollen.

## Realität und Werbung

Doch wer darf so denken? Wer darf sich all das wünschen,
was die Werbung verspricht?

Die Werbung verspricht Glück und Freude beim Kauf eines
Produktes. Um zu kaufen, braucht man Geld. Um Geld zu haben, muss man arbeiten (auch Stehlen gilt hier als Form von
Arbeit) oder erben. Wir lernen also, dass Arbeit einschließlich
Interesse glücklich machen kann. Interesse muss entwickelt,
aufgebaut und gepflegt werden. Unter anderem durch Neugierde. Diese kommt in Form von Gedanken und Fragen. Wie die
Wissenschaft sollen auch Gedanken und Ideen frei sein. Mit
dem Ziel, einmal einen tollen Beruf zu haben, der viele Möglichkeiten und Geld bringt, verschwindet nicht nur die Freiheit,
sondern auch das Interesse am Inhalt einer Arbeit. Übertrieben
formuliert könnte man behaupten, hierin läge die Ursache für
das heute häufige Burn-out-Syndrom. Arbeit ohne Inhalt und
Sinn wird zur Qual.

Wie war das nun bei mir? Was durfte ich mir wünschen so
ohne Arme und Beine? Als Kind wollte ich Bauer, bald Anwalt,
bald Geograf werden. Bauern kannte ich von der Steiermark
her und ich war sowohl beeindruckt von Tieren als auch von
Traktoren, Anhängern und von der Scheune gegenüber dem

Haus meiner Großmutter. Die Gedanken waren frei und wurden von meinen Eltern frei gelassen. Bauer und Jurist waren bald verworfen. Doch erst in der Pubertät habe ich darüber nachgedacht, ob ich mit dem Rollstuhl dafür geeignet wäre, Geograf zu werden. Die Idee, Geografie zu studieren, gab ich noch in der Unterstufe des Gymnasiums auf. Einen Kompass, den ich mir sehr gewünscht habe, habe ich trotzdem bekommen; obwohl ich weder selbstständig den Rucksack öffnen konnte, geschweige denn in die schöne Schachtel mit dem begehrten Kompass gekommen bin. Die Idee wurde mir nicht genommen, doch wenn ich heute daran denke, dass ich in der Natur war mit dem Rucksack und darin dem Kompass, mit dem ich eigentlich nichts anfangen konnte, so muss ich lachen.

Da ich im Gymnasium jegliche Anstrengung vermied und in unmittelbarer Nähe unserer Wohnung eine Handelsakademie öffnete, wechselte ich in diese Schule. Damit änderte sich mein Berufswunsch. Irgendetwas mit Wirtschaft, Banken und Zahlen wirkte beeindruckend. Erst gegen Ende der dritten von fünf Schulstufen wurde für mich klar, dass das Hantieren mit Zahlen, Geld und Löhnen mir keinen Inhalt bot. Der Film „Harold & Maude" hatte zusätzlich eine enorme Wirkung auf mich, sodass der Wunsch aufkam, Psychologie zu studieren.

Für meine Eltern und jene Menschen, die an mich glaubten, schien vieles möglich. Heute denke ich, dass ich deswegen weiter überlegt habe, was ich einmal tun möchte, weil ich nicht in den Gedanken klein gemacht wurde. Ich durfte selbst darauf kommen, wofür ich Talent hatte, was realistisch ist und was unmöglich. Ich musste mich auch dafür nicht klein machen, was ich mir als Kind einmal wünschte – denn jedes Kind denkt zunächst frei. Im Nachhinein betrachtet kann ich sagen, dass sich meine Berufswünsche und Ideen nicht von denen meiner Brüder und Freunde unterschieden. Brüder und Freunde waren und sind fast alle nicht behindert. Der Körper war also kein Hindernis für die Entwicklung eines Berufswunsches.

Die Werbung, aber auch die Gesellschaft verspricht mit dem richtigen Körper einen guten Platz in der Gesellschaft mit einem Partner an der Seite.

## Entwicklung durch Erleben? Erfahren ist alles?

Ich will keinen Alltag, keine Langeweile, will nicht mühsam arbeiten und lernen – ich will leben! Ich will tanzen, hüpfen, springen, laufen, Sex haben, wann, wo und mit wem ich will. Geht das auch ohne Urlaub in Afrika oder in den Rocky Mountains? Ohne Jeep und ohne Snowboard? Brauche ich dafür viel Geld oder wenig? Benötige ich viel Kraft oder wenig? Muss ich dafür dick sein oder dünn? Brauche ich dafür zwei Hände oder eine? Geht das auch ohne Arme, ohne Beine, so ganz im Rollstuhl? Ist ein Leben ohne diese Erlebensmöglichkeiten lebenswert? Wie kann sich da die Seele entfalten?

Ein sinnvolles, glückliches Dasein kennt keine Langeweile. Auch dann nicht, wenn viele Aktivitäten nicht möglich sind. Es gibt immer etwas Sinnvolles zu tun. Trotzdem tut Urlaub gut, jede Art von Sport oder Sex, die gemacht werden will, tut gut. All diese Erlebens-Dinge tun aber nur gut, solange sie nicht Mittel zum Zweck werden. Sobald eine Aktivität Mittel zum Zweck wird, kommt Langeweile auf. „Hab' ich schon oft gemacht", würde man abwertend oder angeberisch sagen. Kein Musiker würde behaupten, dass er ein Lied zu oft gespielt hat. Jedes Mal neu gespielt, dann ist es nicht langweilig. Wenn man schlank, muskulös und reich ist, stehen einem zwar mehr Möglichkeiten offen, aber man ist nicht vor aufkommender Langeweile und dem Eindruck „Das gibt mir gar nichts mehr" geschützt. Insofern darf angenommen werden, dass es weniger darauf ankommt, was man tut, sondern zu welchem Zweck man etwas tut. Ich muss nicht unbedingt erwähnen, dass in einem Rollstuhl die Leichtigkeit wegfällt, um spontan Dinge zu unternehmen, die unwegsames, steiles und mit Stufen oder Wüstensand übersätes Gelände betreffen. Aber es ist auch mit einem Rollstuhl oder besser mit einer Behinderung möglich, nicht nur ein wildes und gefährliches, sondern auch ein glückliches Leben zu führen.

Persönliche Entwicklung durch Erleben, wie das heutzutage als wesentlich erachtet wird, ist nur vorstellbar, wenn der Verstand reflektiert, was da eigentlich passiert und vor sich geht. Der Verstand hat in den Momenten extremer Ereignisse die Möglichkeit, etwas an der Welt zu verstehen und zu erkennen. Nur an dieser Erkenntnis erfolgt in Erlebnis-Situationen ein Bildungsprozess. Ich will die Erkenntnisse der Arbeitsmedizin und die Errungenschaften der Gewerkschaften als Beispiel nehmen. Vor dem Computer-Bildschirm in der Arbeit sind 50 Minuten empfohlen, danach eine kurze Pause. Wird im Krankenhaus in Räumen ohne Tageslicht gearbeitet, wird einmal pro Monat ein Licht-Tag gewährt, um mangelndes Sonnenlicht tanken beziehungsweise ausgleichen zu können. Ist die Arbeit mit extremer Lärmbelastung verbunden, werden Gehörschutzmaßnahmen vorgeschrieben und zur Verfügung gestellt. Dieses Wissen wird in der Freizeit oftmals nicht angewandt, weil der Verstand nicht genutzt wird, um zu denken, was wir eigentlich tun. Zu Hause sitzen nämlich viele Menschen stundenlang vor dem Computer, um zu spielen. Jede Pause würde einen möglichen Verlust im Spiel bedeuten. Der Licht-Tag wird in Shoppingcenter ohne Licht und Frischluft verbracht. Der Besuch in den Discos erreicht Lärmbelastungen jenseits der arbeitsrechtlichen Vorschreibungen ohne Gehörschutz. Erfahrung und Erlebnisse dienen der seelischen Entwicklung nur dann, wenn der Verstand reflektiert, was wir eigentlich tun. Das Gefühl als alleiniger Wegweiser kann beim Erleben zu wenig Information liefern.

# Was bleibt,
# wenn alles schiefgeht?

Wenn alles schiefgeht, wenn alles zusammenzubrechen droht und Existenzen vor dem Ruin stehen, können wir nur beobachten, zu welchen Taten Menschen fähig werden. Beobachten und beschreiben können wir, von Verstehen und dadurch Verhindern sind wir weit entfernt. Das, was wir beobachten, können wir messen und mit Menschen, die keine Gräueltaten begangen haben, vergleichen. Somit entstehen schöne Profile, die einer Stigmatisierung gleichkommen.

Ebenso ergeht es uns bei Ereignissen, die die Grundmauern menschlichen Daseins erschüttern, indem durch Krankheit und Tod enormes Leid und Traurigkeit ausgelöst werden. Auch hier können wir nur beschreiben und beobachten. Ein Integrieren und Verstehen solcher Ereignisse passiert in Prozessen von Psychotherapie, psychologischer Behandlung, einer Freundschaft, in der Liebe oder im Ausdruck von Kunst und Musik.

Ein Verstehen bedeutet nämlich das Erfassen dessen, was den Menschen ausmacht und antreibt. Dieser Teil, dieser Antrieb, der Kern beziehungsweise die Seele bestimmt nämlich die Art und Weise, wofür sich die Psyche und der damit gesteuerte Körper entscheiden.

Wenn ein Schicksalsschlag ein Leben erschüttert und den eigenen Wert und Inhalt zunichtemacht, fragt man sich: Wozu war das gut? Welchen Sinn soll das haben? Man steht vor den Trümmern der Existenz und überlegt, wie es weitergehen kann. Man fühlt sich allein und gleichzeitig beobachtet und fragt nur: War das notwendig? Was jetzt?

Woran kann man sich in so einer Situation orientieren, woher weiß man, was richtig ist und was falsch? Auf den Verstand kann man nicht hören, denn unter Stress wird man kaum in der Lage sein, klar zu denken und zu fühlen. Auf Signale des Körpers ist auch weniger Verlass – das Herz rast und die Knie schlottern.

Es ist die Seele, die in diesem Leid, in solchen Situationen die Richtung weist. Ohne wissenschaftliche Erklärung und ohne Verstand, aber dafür sinnvoll erscheinend, ohne zu wissen, warum und weshalb. Nicht jeder hat das Glück, die Liebe zu Hause zu haben (als Basis wertvoller Existenz) und zu überlegen, wie es weitergehen kann.

Das klingt einfach, kitschig und unwissenschaftlich. Ein paar wissenschaftliche Auswege für solche Momente zeigen, dass echte Hilfe zwar angeboten wird, aber am Kern des Menschen, an seinem ICH, an dem, was ihn ausmacht und antreibt oder eben an der Seele nicht direkt gearbeitet wird:

- Die psychologische Hilfestellung läge in der Diagnostik und Therapie zur Aktivierung vorhandener Ressourcen und im Erfassen von Stärken und Schwächen. Zu sehen, was man sonst noch alles an Möglichkeiten zur Kompensation hat.
- Psychiatrische Hilfestellung: Medikamente zur Linderung von psychischem Schmerz und Wahn sowie zur emotionalen Stabilisierung.
- Die juristische Hilfestellung läge in der Unterstützung bei der Klage. Zumindest erlangt man Gerechtigkeit. Recht und Gerechtigkeit scheinen dem leidenden oder hasserfüllten Menschen gleich.
- Psychotherapeuten unterstützen primär durch Empathie; durch Fragen, abhängig von der therapeutischen Fachrichtung (*Wie fühlen Sie sich? Was wollen Sie wirklich erreichen? Wo sehen Sie sich in fünf Jahren? Was ist Ihr nächstes Ziel?*), wird versucht, Aspekte dessen, was jemanden antreibt, was ihn ausmacht, dessen, was ich Seele nenne, zu erfassen.

- Religion: Halt im Glauben, Priester unterstützen durch Zuspruch und Gebet sowie durch die Gewissheit, dass ein von Gott gegebener Wert vorhanden ist – nur in dieser geisteswissenschaftlichen Disziplin für alle Menschen gleichermaßen existent.

Es ist zwar beruhigend zu wissen, dass es Fachrichtungen gibt, die unser Wesen, das, was uns als Menschen ausmacht und was uns antreibt, die Seele also, als eine von veränderbaren Werten unabhängige Größe berücksichtigen, und die im schlimmsten Fall der Fälle Hilfestellung leisten, wenn es darum geht, die Seele wieder aufzurichten. Es stellt sich aber doch die Frage, ob es immer erst so weit kommen muss, dass man mit körperlichen und psychisch-geistigen Fähigkeiten am Ende seiner Kräfte angelangen muss, um die Bedürfnisse der Seele zu beachten.

## Erforschung der Seele

Die Seele muss somit naturwissenschaftlich greifbar, verstehbar und damit messbar werden. Auf der Basis der Einteilung psychischer Inhalte von Sigmund Freud wurde ein Konzept entwickelt, das diesen unwissenschaftlich-religiös geprägten Begriff Seele als treibende Kraft, als steuerndes Bindeglied von Psyche-Geist und Körper-Materie nachvollziehbar darstellt.

Dieser Kern des Menschen, die Seele, hat mit der Verbindung zu Gefühlen auch Verbindung zum Körper. Denn ein Gefühl kann im Gehirn nicht gefühlt werden. Die Tatsache, dass die Seele Gefühle verbieten und erlauben kann, zeigt die Verbindung zur Psyche, die eine Bewertung vornimmt. An dieser Bewertung orientiert sich die Seele. Allerdings kann diese Bewertung nicht verstandesmäßig erfolgen, der Verstand allein ergibt noch keinen Sinn; die Erschaffung einer sinnvollen Existenz kann somit nur über die Seele erfolgen. Werden Be-

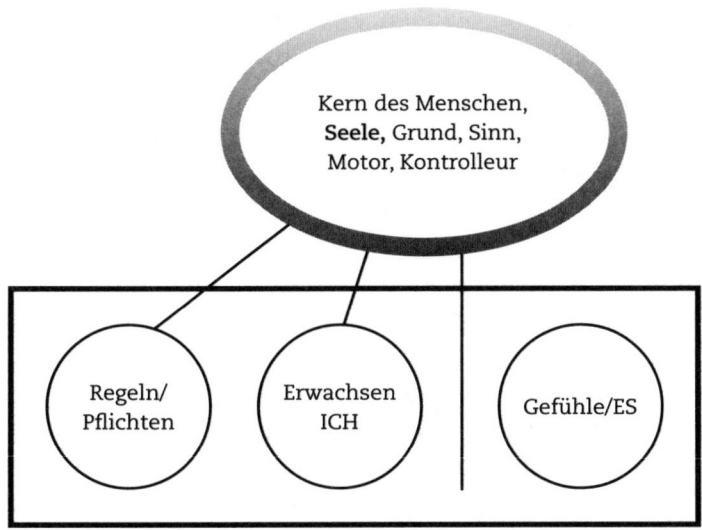

Schematische Darstellung psychischer Inhalte mit Seele als Kontrolleur der Gefühle; direkte Verbindung mit Psyche und Körper.

dürfnisse der Seele ignoriert, wird scheinbar kein sinnvolles Dasein angestrebt, so verliert die Seele die Kontrolle über die Gefühle und lässt verstandesmäßig unsinnige Verhaltensweisen entstehen.

## Schlussfolgerung

Wir sind auf ein erfahrungswissenschaftliches Weltbild und ein damit verbundenes bio-genetisch-mechanisch-technisch entstandenes Bild von Mensch und Natur eingestellt. Das erlaubt uns, einzelne Faktoren an Mensch und Natur zu beherrschen. Von Verständnis und den Menschen tatsächlich antreibenden Quellen sind wir noch entfernt. Anforderungen und Werte geben zwar immer wieder Anreiz, angestrebt zu werden, müssen aber permanent erneuert werden, um wertvoll zu erscheinen.

Mit der Abwertung dieser Werte fühlt sich ein Mensch jedoch im Grunde seines Herzens, seines Wesens und damit seiner Seele wertlos. Die Anforderungen und Bedürfnisse der Seele erforschen und verfolgen ist das, was unserem Leben einen Sinn geben kann und nur deswegen erstrebenswert. Die Seele lebt aber von Körper und Psyche/Geist. Sie lebt nicht nur dort, sondern kann und muss mit Körper und Psyche/Geist entwickelt und ausgelebt werden. Körperkult und materialistische Wertvorstellungen sind somit nicht zu verdammen und schlechtzumachen. Auf den Körper zu achten darf nicht vergessen werden, ohne diesen kann sich niemand entfalten. Die Beachtung des Körpers, das Trainieren und Aufbauen von Muskeln kann auch angenehm und wichtig sein. Es soll nur nicht verwechselt werden mit Bedürfnissen einer Seele und mit einem damit verbundenen Sinn im Leben. Körperliche Pflege, körperliche Schönheit sowie Gesundheit spielen ebenso eine große Rolle in unserer Gesellschaft. Mit dem Körper bewegen wir uns schließlich. Es ist wichtig, auch auf diesen stolz zu sein, ihn einsetzen und verwenden zu können. Den Körper, die Materie benötigen wir zur Erfüllung seelischer Bedürfnisse, zum Nachgehen eigener Talente und Interessen. Ein schöner gesunder Körper ist jedoch genauso sinnvoll und genauso viel wert wie ein weniger schöner und kranker. Das Schicksal muss in jedem Körper bewältigt und der Sinn im Leben verfolgt werden.

Ebenso verhält es sich mit psychisch-geistigen Elementen. Den Geist trainieren, nicht psychisch krank zu werden, sich nicht zu überfordern, die Werte und Ansprüche an sich nicht so ansetzen, dass täglich nur Misserfolg erlebt wird, all das ist wichtig. Seelische Bedürfnisse können leichter erfüllt werden, wenn der Geist wach und klar ist und nicht betrübt und müde. Das Achten auf Psyche und Geist ist ebenso bedeutsam für die Seele wie das Achten auf den Körper.

Die Seele wohnt also in Körper und Geist gleichzeitig, ist aber von beiden nur teilweise abhängig. Das heißt: Das, was einen Menschen ausmacht, kann auch dann noch erkannt werden, wenn Körper und Psyche/Geist/Verstand erkranken oder versagen. Das, was einen Menschen ausmacht, zu erkennen und zu fördern heißt jedoch nicht, glücklich und ohne Probleme zu leben. Es heißt nicht, weniger zu streiten und weniger um seinen Platz in der Gesellschaft zu kämpfen oder diesen weniger zu hinterfragen.

Es bedeutet lediglich, etwas gefunden zu haben, das dem Leben einen Grund und damit einen Wert und folglich Sinn gibt. Es bedeutet nur, erahnen zu können, wofür es sich zu leben lohnt.

## Was bleibt zu tun?

In zahlreichen wissenschaftlichen Fächern ist man auf der Suche nach unterschiedlichen Arten von Orten im Gehirn, an denen sich bestimmte Inhalte befinden sollen. Mediziner, Genetiker, Neurologen, Psychiater und Psychologen versuchen beispielsweise den Sitz von Motivation, Schmerz, Bewusstsein, Arbeitsgedächtnis etc. zu orten. Auch die Seele oder eben jenes Element, das uns alle antreibt, ist bislang nicht geortet worden. Genauso wie unbewusste Inhalte kein Zuhause haben, wissen wir nicht, wo die Seele wohnt. Wichtig ist lediglich zu bedenken, dass die Seele in jedem von uns wohnt. Sie weiß, welche gesellschaftlichen Werte mit welchen körperlichen Gefühlen in Verbindung stehen und hat einen Einfluss darauf, welche Gedächtnisinhalte bewusst und unbewusst gehalten werden. Die Seele ist somit aktiv am Verhalten des Menschen beteiligt. Solange wir darauf warten, bis das treibende Element in uns Menschen, der Kern dessen, was uns ausmacht, oder eben das, was ich Seele nenne, naturwissenschaftlich erklärt werden kann, müssen wir seelische Bedürfnisse über Umwege erahnen und befriedigen. Seelische Bedürfnisse liegen in einem Streben nach Etwas. Dieses Etwas besteht in einem Ausdruck von uns selbst, in einem Prozess der Erkenntnis (erkannt werden und erkennen) – in Wissenschaft, Kunst, Kultur, Arbeit, Hobby, Beziehung … In all diesen Lebensbereichen wollen wir erkannt werden. Dieses Streben wird ermöglicht, wenn ein grundlegender Wert oder eine grundsätzliche Bedeutung des Selbst vorhanden ist.

Dieser Grundwert wurde mir trotz meiner Behinderung mitgegeben. Nicht nur seitens meiner Familie, sondern vor allem auch von meinen mich behandelnden Ärzten wurde mir vermittelt, dass selbst eine Behinderung „wertvoll und normal" sein kann. Hinter der medizinischen Behandlung stand auch ein philosophisches Konzept, von dem ich erst erfuhr, als ich erwachsen war. Es galt vor allem Werte zu vermitteln, die den Umgang mit Problemen im Alltag ermöglichten. Univ. Prof. Dr. Ernst Marquardt, ein Orthopäde, der sich unter anderem sehr für Contergan-Opfer engagierte, wies in der Rede anlässlich seiner Emeritierung deutlich darauf hin, dass man niemanden in eine Gesellschaft integrieren kann, sondern dass man lediglich ausreichend Mut und Hilfe bieten kann, damit sich eine Person selbst in die Gesellschaft integriert. Aus meiner Erfahrung trifft dies auf alle Menschen zu – ungeachtet körperlicher Merkmale. Erst wenn der Umgang mit Alltagsproblemen als „normal" erlebt wird, kann das Streben nach der Befriedigung seelischer Bedürfnisse beginnen. Um dieses Streben zu ermöglichen, um den Körper und Verstand, den man bekommen hat, optimal einzusetzen und hierdurch alle gesellschaftlichen Schwierigkeiten wie zum Beispiel die Liebe erleben zu können, wird Folgendes empfohlen:

1. Eine stabile Werte-Skala, in der nicht unbedingt ein perfekter Körper an erster Stelle steht. Es ist nicht immer leicht, diese Ideologie zu vertreten, bei der die Ästhetik des Körpers in seiner Funktion liegt. Aber es hilft dabei, sich Dinge

zu trauen, weil man sie kann, unabhängig davon, wie man aussieht. Jeder Körperteil wird damit wertvoll und darf sich wohlfühlen, auch einer, den man gar nicht mag.

2. Eine humanistische Philosophie zu vertreten: Das heißt, jedes Leben darf lebenswert erscheinen. Das bedeutet, keine grundsätzlich bessere oder schlechtere Bewertung von Leben zu vertreten. Mädchen und Buben sind beispielsweise gleich viel wert. Sehr wohl haben manche mehr Glück und manche weniger, aber wert- und sinnvoll sind sowohl glückliche als auch unglückliche Menschen.

3. Die Überzeugung oder der Glaube daran, dass das, was wir tun, wertvoll und sinnvoll ist. Auch wenn der Wert einer Sache oder Handlung nicht unmittelbar erkannt wird.

Durch psychologische Interventionen und durch Psychotherapie können wir Traumata erleichtern, Patienten nach Schlaganfällen oder Schädel-Hirn-Traumata helfen, sich Dinge zu merken und sich zu orientieren. Wir können in etwa erfassen, ob jemand lügt, trinkt, gewalttätig sein wird oder eher nicht, und ob jemand psychisch krank ist oder nicht. Selbst diese Dinge sicher bestimmen zu können ist nicht immer sicher. Wir sind aber noch weit davon entfernt zu wissen, weshalb jemand lügt oder trinkt, gewalttätig ist oder ein guter Mensch. Und sobald wir darum wissen, ist es meistens zu spät. Gefühle und unbewusste Gedankeninhalte zeigen sich oft als verantwortlich für Taten, die wir mit dem Verstand unzureichend erklären können. Doch was beeinflusst Gefühle, was lässt Bilder und Gedanken in das sogenannte Unterbewusstsein verschwinden?

Auf diese Frage liefert die Wissenschaft keine Antwort. Die Frage danach, wo die Seele wohnt, ist essenziell und die Seele greifbar, im Sinne von erfassbar zu machen, ist der nächstlogische Schritt unseres naturwissenschaftlichen Denkens. Anhand eines theoretischen Modells wird gezeigt, wo dieser menschliche Antrieb, die Seele wohnen könnte. Wie das

Unbewusste, das Vorbewusste, das Bewusstsein oder auch ein sogenanntes Arbeitsgedächtnis ist auch die Seele nicht sichtbar. Und doch wohnt sie in uns und beeinflusst Gefühle und Gedanken. Sie kann nur anhand von individuellen Bedürfnissen erfasst werden. Sowohl die Medizin, die Psychologie, die Politik als auch die Juristerei sind auf ein neues Menschenbild, in dem die Existenz der Seele selbstverständlich wird, angewiesen. Eine wertorientierte Existenz hat nicht nur zur Folge, dass wir uns an Werten orientieren und diese anstreben oder verwerfen, sondern auch, dass wissenschaftliche Erkenntnis von diesen Werten beeinflusst wird. Wir erklären und untersuchen körperliche und psychische Merkmale, die erstrebenswert oder behandelbar und korrigierbar erscheinen, verstehen hierdurch jedoch nicht den Ursprung derselben. Verhaltensweisen, die man auch als menschliche Entartungen bezeichnen kann wie beispielsweise Vergewaltigung, Quälerei und Mord, stehen wir deswegen fassungslos gegenüber.

Die Seele – der Kern dessen, was einen Menschen ausmacht, die treibende Kraft – muss deswegen in der Psychologie und damit im Alltag mehr Bedeutung erhalten. Wir wollen nicht nur beobachten, wie die Seele die Grenzen von Körper und Psyche erweitern kann, wir wollen diesen Prozess auch verstehen und nachweisen.

# Literaturverzeichnis

Amon, Birgit: Jean-Jacques Rousseau. Philosophie und Erziehung im „Emile". Eine Darstellung der anthropologischen und pädagogischen Gedankenwelt des Autors, besonders im Hinblick auf die Diskrepanz zwischen Mensch und Gesellschaft. Diplomarbeit. Wien 1991.

Angermeyer, Matthias C./Kilian, Reinhold/Matschinger, Herbert: WHO-QO-L100 und WHOQOL-BREF. Handbuch für die deutschsprachige Version der WHO Instrumente zur Erfassung von Lebensqualität. Göttingen: Hogrefe 2000.

Bauer, Joachim: Prinzip Menschlichkeit. Warum wir von Natur aus kooperieren. Hamburg: Hoffmann und Campe 2006.

Bergsma, J./Duff, R. S.: A model for examining values and decision making in the patient-doctor relationship. Pharos of Alpha Omega Alpha Honor Medical Society, 43 (1980), 7–12.

Berne, Eric: Spiele der Erwachsenen. Psychologie der menschlichen Beziehungen. Reinbek bei Hamburg: Rowohlt 1986; Originalausgabe: Games People Play. The Psychology of Human Relationships. Harmondsworth: Penguin Books 1964.

Bradley, C. (2001): Importance of differentiating health status from quality of life. Lancet, 357 (6), 7–8.

Burkard, Franz-Peter/Wiedmann, Franz/Kunzmann, Peter/Weiß, Axel: Dtv-Atlas zur Philosophie. München: Deutscher Taschenbuch-Verlag 1991.

Damasio, Antonio: Looking for Spinoza. Joy, Sorrow, and the Feeling Brain. Vintage U.K. 2003.

Fromm, Erich: The Art of Loving. London: Mandala 1985.

Griffith, Ernest R./Lemberg, Sally: Sexuality and the Person with Traumatic Brain Injury. A Guide for Families. Philadelphia: F. A. Davis Company 1993.

Hasselhorn, Marcus/Gold, Andreas: Pädagogische Psychologie. Erfolgreiches Lernen und Lehren. Stuttgart: Kohlhammer 2006.

Janig, H./Pipam, W./Likar, R. (2000): Quality of Life in Cancer Patients. Review of Psychology, 7, (1–2), 37–44.

Johnson, Anne M./Wadsworth, Jane/Wellings, Kaye/Field, Julia: Sexual Attitudes and Lifestyles. London: Blackwell Scientific Publications 1994.

Johnston, M.: Models of Disability. The Psychologist, (May 1996), 205–210.

Klages, Helmut: Wertedynamik. Über die Wandelbarkeit des Selbstverständlichen. Osnabrück: Fromm 1988.

Kolb, Viktor von: Abriß der gesamten Tugendlehre nach dem heiligen Kirchenlehrer Thomas von Aquin. Für Priester in der Seelsorge, Prediger und Beichtväter, für Ordensleute und gebildete Laien. Wien/Regensburg: Mayer & Comp. 1922.

Levine, Madeline: The Price of Privilege. How Parental Pressure and Material Advantage Are Creating a Generation of Disconnected and Unhappy Kids. New York: Harper Collins 2006.

Mader, Johann: Von Parmenides zu Hegel. Einführung in die Philosophie 1. Wien: Universitätsverlag 1992.

Marquardt, E./Popplow, K./Hillig, A.: Psychologische Probleme in Verbindung mit Amputationen. Rehabilitation, 15 (1976), 174–181.

Murrell, R. (1999): Quality of Life and Neurological Illness: a Review of the Literature. Neuropsychology Review, 9 (4), 209–229.

Pieper, Josef: Über die Liebe. München: Kösel 1972.

Pekrun, Reinhard: Emotion, Motivation und Persönlichkeit. München/Weinheim: Psychologie-Verlags-Union 1988.

Tschuschke, Volker: Psychoonkologie. Psychologische Aspekte der Entstehung und Bewältigung von Krebs. Stuttgart: Schattauer 2002.

Watzlawick Paul/Beavin, Janet H./Jackson, Don D.: Menschliche Kommunikation. Formen, Störungen, Paradoxien. Bern/Stuttgart/Wien: Huber 1969.

Wilber, Ken: Integrale Psychologie. Geist, Bewußtsein, Psychologie, Therapie. 4. Aufl. Freiburg i. Br.: Arbor 2012.

# Abbildungsnachweis

Seite 36: Georg Fraberger
Seite 37: Georg Fraberger
Seite 41: Georg Fraberger
Seite 42: Georg Fraberger
Seite 65 links: APA/Picturedesk
Seite 65 rechts: Georg Fraberger
Seite 68: APA/Picturedesk
Seite 77: Wikipedia/Public Domain
Seite 86: Georg Fraberger
Seite 89: Georg Fraberger
Seite 91: EMNID
Seite 92: Georg Fraberger
Seite 165: Getty Images
Seite 174: Georg Fraberger

Ecowin wurde 2003 als unabhängiger Verlag gegründet.

Wir konzentrieren uns auf spannende Autoren,
die zu spannenden Themen und Entwicklungen unserer
Welt einen Beitrag leisten.

Die Vielfalt der Meinungen sowie der Diskurs unter den
Autoren und innerhalb des Verlags sind uns viel wichtiger
als das Vertreten nur einer Denkweise.

Wir investieren in langfristige Beziehungen mit unseren
Autoren, Herstellern und Buchhändlern.

Bis heute haben wir weder Verlagsförderung beantragt
noch erhalten.

Als österreichischer Verlag produzieren wir von Beginn an
ausschließlich umweltfreundlich* in Österreich.

*Nichts ist für uns spannender als das nächste neue Buch.*

HANNES STEINER
VERLEGER

 **ClimatePartner °**
**klimaneutral**

Druck | ID: 10944-1308-1001

* Wir freuen uns, dass die Druckerei Theiss unsere Bücher nach den Richtlinien des österreichischen Umweltzeichens herstellt. Sowohl die Materialien als auch die Produktion entsprechen dem hohen österreichischen Umweltstandard. Mit dem Buch, das Sie in Händen halten, leisten wir einen aktiven Beitrag zum $CO_2$-Ausgleich. Durch Eingabe der ID-Nummer auf www.climatepartner.com können Sie sich über das von uns unterstützte Projekt informieren.